«Jeder Garten blüht auf seine Weise, nie nach Lehrbuch. Inzwischen denke ich, dass ich die Pflanzen verstehe und weiß, wer mit wem zusammen sein möchte und wer nicht. Nur ein Garten, in dem alle Pflanzen gut miteinander auskommen, ist gewappnet vor den Angriffen diverser Übeltäter. Pflanzen rufen mir nicht nur zu, sie kommunizieren auch mit mir – mit Ihnen. Die lästigen Plagegeister sind Signale, die Sie deuten können. Können Sie das nachvollziehen, ist Ihnen der grüne Daumen garantiert.»

René Wadas ist Gärtnermeister und lebt mit seiner Familie in Börßum bei Braunschweig. Als Pflanzenarzt ist er seit vielen Jahren im Norden unterwegs und hilft Hobbygärtnern mit ihren «Sorgenkindern». Der gebürtige Berliner schult mittlerweile in ganz Deutschland Mitarbeiter aus Gärtnereien und Baumärkten, Landwirte und Biologen.

RENÉ WADAS

Hausbesuch

VOM PFLANZENARZT

Tipps und Tricks
für Garten und Balkon

Rowohlt Taschenbuch Verlag

Einige Krabbler sind schon in meinem Artikel
«Schädlinge im Boden, ade?» in kraut & rüben, 05/2017,
S. 46–49 erschienen.

3. Auflage Mai 2018

Originalausgabe
Veröffentlicht im Rowohlt Taschenbuch Verlag,
Reinbek bei Hamburg, April 2018
Copyright © 2018 by Rowohlt Verlag GmbH,
Reinbek bei Hamburg
Redaktion Regina Carstensen und Ulrike Gallwitz
Umschlaggestaltung ZERO Media GmbH, München
Umschlagabbildung Andreas Brunke
Satz aus der Quadraat, InDesign,
bei Dörlemann Satz, Lemförde
Druck und Bindung
GGP Media GmbH, Pößneck, Germany
ISBN 978 3 499 63354 6

Meinen Wegbegleitern, die nicht mehr auf
der Blütenseite der Pflanzen wandeln, sondern
auf der Wurzelseite

INHALT

EIN KLARER FALL FÜR DEN PFLANZENARZT!

Erwarten Sie jetzt bloß nicht ein ultimatives Handbuch, das Ihnen dabei hilft, jedem Erdfloh, jeder Schnecke oder jeder schwarzen, grünen oder bleichen Laus in Ihrem Garten oder in der Wohnung auf Ihren Zimmerpflanzen den Garaus zu machen. Dafür gibt es dicke Fachbücher, die alles akribisch auflisten, diesen Ehrgeiz habe ich nicht. Stattdessen verfolge ich ein vielleicht nicht ganz übliches Ziel: Ich möchte Ihnen Lust auf den Garten machen, auf Grün überhaupt, und das ganz ohne Stress. Viele Gartenliebhaber betrachten ihren Garten mit verbissenem Blick, werden unruhig, wenn eine Rasenkante nicht akkurat geschnitten ist, wenn es in den Blumenbeeten die geringsten Erdbewegungen gibt, weil sich ein Käfer dem Rittersporn oder dem geliebten Ginster nähert. Fraßschäden! Der Gedanke daran bringt so manchen zum Schwitzen, noch bevor überhaupt etwas passiert ist. Und welkt einmal ein Salatblatt im Gemüsebeet, ist die ganz große Krise vorprogrammiert, eine Katastrophe schlechthin, nicht einmal das abendliche Grillen kann dann ablenken. Stress gibt es genug im Leben, es wäre gut, wenn man ihn an der Gartenpforte zurücklassen würde.

Ein Garten, der Freude macht, ist einer, bei dem man auch mal alle fünfe gerade sein lassen kann, in dem man sich mit Nachbarn austauscht, Tipps bekommt, herumexperimentiert und sich von dem inspirieren lässt, was man selbst in der Natur beobachtet. Die persönlichen Erfahrungen sind die wichtigsten, so war es jedenfalls bei mir gewesen, als ich mich dazu entschloss, nicht nur Gärtnermeister, sondern auch Pflanzenarzt zu werden. Humanmediziner sind ständig auf der Suche nach neuen Medikamenten, nach neuen Impfstoffen, um Patienten besser heilen zu können, versuchen, die menschliche Natur immer genauer zu verstehen, das verborgene Leben in uns. Aber auch Pflanzen und Insekten, die gemeinhin als Schädlinge bezeichnet werden, haben ein geheimes Leben, das wir uns nur durch Betrachtungen und Überlegungen erschließen können.

Ich bin kein Mensch der Planung, ich kann sicher für Sie eine Art Leitfaden spinnen, aber am Ende entsteht alles aus dem Tun heraus. Wenn ich einen Garten plane, sind nachher nicht immer die Pflanzen dabei, an die man einmal gedacht hat. Suche ich nämlich auf dem Großmarkt Pflanzen aus, sind jedes Mal welche darunter, die mir zurufen: «Ich möchte mit! Ich gehöre genau dahin, wo du hingehst.» Und seltsamerweise gedeihen diese Pflanzen allesamt prächtig. Ähnlich kann es Ihnen passieren.

Jeder Garten blüht auf seine Weise, nie nach Lehrbuch. Inzwischen denke ich, dass ich die Pflanzen verstehe und weiß,

Pinselkäfer (Trichius fasciatus)

wer mit wem zusammen sein möchte und wer nicht. Nur ein Garten, in dem alle Pflanzen gut miteinander auskommen, ist gewappnet vor den Angriffen diverser Übeltäter. Pflanzen rufen mir nicht nur zu, sie kommunizieren auch mit mir – mit Ihnen. Die lästigen Plagegeister sind Signale, die Sie deuten können. Können Sie das nachvollziehen, ist Ihnen der grüne Daumen garantiert. Und auch wenn ich Ihnen von meinen Erfahrungen erzähle, so heißt das noch lange nicht, dass meine Erkenntnisse auf Ihren Garten oder Ihre Zimmerpflanzen übertragbar sind. Bei Ihnen kann alles ganz anders sein. Ich gebe Ihnen nur Anregungen, um eigene Erfahrungen zu sammeln.

Ja, da haben Sie jetzt den Salat. Statt permanent Tipps zu bekommen, nehme ich Sie mit auf eine ungewöhnliche Reise zu meinen Hausbesuchen, nicht ohne meine grüne Arzttasche, meine mobile Pflanzenapotheke. Ich erzähle Ihnen, wie großartig meine Patienten sind, die Pflanzen und die sogenannten Schädlinge, wie sie faszinierende Nachbarschaften und Feindschaften pflegen, wie klug und intelligent sie sind, wie sie hören und riechen, wie sich Pflanzen selber helfen können. So komme ich ohne chemische Keule aus, setze stattdessen auf eine große Portion Einfühlungsvermögen.

Sicher denken Sie jetzt: Wie verrückt ist der denn? Aber wenn man sich viele Jahre damit auseinandersetzt, was die häufigsten Probleme im Garten, auf dem Balkon, der Terrasse oder im Wohnzimmer auf der Fensterbank sind, erkennt man, dass diese meist nicht tierischen Ursprungs sind, sondern dass es sich um physiologische Schäden handelt. Die Schäden entstehen, weil man die Pflanze falsch behandelt. Eine Pflanze kann mit Schädlingen umgehen, mit Pilzkrankheiten, aber eine Pflanze kommt nicht mit zu wenig Licht zurecht, mit zu kleinen Töpfen, kommt nicht ohne Dünger aus, verträgt nicht zu viel Wasser und erst recht keinen falschen Standort. In den meisten Fällen hat nicht

Unser Mäusefänger beim Mittagsschlaf

die Pflanze etwas, etwa eine Krankheit, wie vermutet wird, sondern es ist der Mensch, der ihr Probleme bereitet.

Jetzt kann ich Sie nur noch auffordern: Chillen Sie in Ihrem Garten! Legen Sie sich in die Hängematte oder mähen Sie Ihren Rasen. Gartenglück kann so oder so aussehen, jeder kann in diesem grünen Raum tun und lassen, wie es ihm beliebt. Nur eines darf nie fehlen, der Respekt vor der Natur und ihren genialen Errungenschaften im Laufe der Evolution.

Und denken Sie daran: Pflanzen lassen sich nicht hetzen, sie haben ihren eigenen Rhythmus – und diesem passe ich mich an. In der Winterzeit, wenn die Tage kürzer werden, befinden sich die Pflanzen im Winterschlaf (wie auch der eine oder andere Gärtner). Kommt dann das Frühjahr und die Pflanzen erwachen, werden auch die Gärtner wach und es kribbelt in den Fingern, die Motivation steigt ins Unermessliche. Wie schnell sinkt dann die Laune, wenn es einfach nicht wärmer wird oder es nicht aufhören will zu regnen. Bei meinen Hausbesuchen folge ich dem Kalender und damit den Jahreszeiten. Und folgen Sie nun mir, damit Ihre Schützlinge künftig gesund bleiben.

KAPITEL 1

WENN DER ELEFANTENFUSS NICHT MEHR WILL

Nachwuchs im Hühnerstall bei uns im Garten. Aus den Eiern einer unserer Hennen haben sich die Küken unter großen Mühen, aber mit viel Willen von ihrer schützenden Hülle befreit. Großes Gegacker. Noch reicht der Hühnerstall auf unserem Grundstück aus, überlege ich, während ich die flaumigen gelben Bälle betrachte. Im Suppentopf werdet ihr kaum landen, keiner von uns wird euch schlachten. Glück gehabt, ihr Kleinen!

Von den Haushühnern wandert mein Blick zu den Beeten mit dem Spargel. Aus der Entfernung sieht alles gut aus, das Grün fängt an, üppig zu wuchern. Über viele Jahre hinweg haben ein Freund und ich Spargelpflanzen gezüchtet, grün und weiß, die auf jedem Boden wachsen und leicht zu pflegen sind. Man kann sie sogar auf einem Hochbeet anpflanzen, wenn man seinen Rücken beim Spargelstechen schonen will. Nach dem dritten Jahr kann man ernten. Eine Sensation für alle, die ihren Gemüsegarten lieben und nicht nur Möhren, Kartoffeln, Zwiebeln, Salat, Zucchini, Bohnen oder Erbsen ernten wollen.

In meiner Tasche habe ich ein weißes Blatt Papier, das halte ich unter das Laub einer Spargelpflanze, um festzustellen, ob die Spargellaus (*Brachycorynella asparagi*) ihr Unwesen treibt. Das Vieh ist graugrün, mit einer mehligen grauen Wachsschicht überzogen und mit dem bloßen Auge kaum zu erkennen, ungefähr 1,2 bis 1,7 Millimeter ist sie nur groß. Sie hat die unangenehme Eigenschaft, aus der Pflanze die Nährstoffe zu saugen, aber nicht nur das, sie scheidet bei ihrem flegelhaften Tun auch noch eine giftige Substanz aus, die der Spargel überhaupt nicht goutiert. Er reagiert sogar recht heftig auf das Gebaren der Spargellaus, zumal wenn sie nicht vereinzelt auftritt, sondern in Massen über die Pflanze herfällt. Das Laub bleibt dann klein, die Triebe verkrüppeln. Und ein solcher Anblick schmerzt.

Die ersten geflügelten Stammmütter der Spargellaus gehen Ende März, Anfang April auf Tour, abhängig von der Wetterlage, je wärmer, umso besser. Junge Spargelstände sind ihr anvisiertes Ziel, insbesondere haben sie den unteren Bereich der Pflanze im Blickfeld. Bleibt es länger warm, bilden sie die berüchtigten Kolonien und wollen dem Spargel den Garaus machen.

Ich nehme einige Spargeltriebe und klopfe sie auf dem weißen Blatt Papier aus. Eingehend untersuche ich mein Ergebnis – nichts zu erkennen, was nach einem graugrünen Mehlklumpen aussieht. Damit das auch so bleibt, werde ich nächste Woche wieder kontrollieren. Zwar ist dieser Frühling nicht gerade trocken, und hohe Temperaturen sind auch nicht angesagt, aber das kann sich wöchentlich ändern. Faustregel für alle Blattläuse: Je trockener Frühling und Sommer sind, umso stärker befallen die Läuse die Pflanzen. Feuchte Witterung mögen die ungefähr 850 Blattlausarten, die in Mitteleuropa leben (weltweit sind insgesamt 3000 Arten bekannt), nicht, da verkrümeln sie sich schnellstens.

Sollten sie sich aber doch mal eingeschlichen haben, gibt es ein gutes und bewährtes Mittel, um den Kolonisten zu verstehen zu geben, dass sie unerwünscht sind: Natur-Pyrethrum. Ohne das könnte ich meinen Beruf als Pflanzenarzt auf naturheilkundlicher Basis kaum ausüben. Es ist ein Nervengift, das schon die Römer kannten, sie vertrieben damit die Läuse auf ihrem Kopf und die Flöhe am Körper sowie im Bett, im Flohhalsband von Hunden ist es auch heute noch enthalten. Gewonnen wird es aus Chrysanthemen, die das Kontaktgift einst für sich entwickelt haben, um Schädlinge davon abzuhalten, sich auf ihren hübschen Blüten heimisch zu fühlen. Ganz schön schlau, was sie sich da haben einfallen lassen, um ihre eigene Evolution voranzutreiben. In Deutschland, Österreich und der Schweiz ist Pyrethrum in gereinigter Form als Pflanzenschutzmittel zugelassen und darf in der ökologischen Landwirtschaft angewendet werden.

Gerade schütte ich den kleinen Kontrollhaufen vom Papier aufs Beet zurück, als mein Handy klingelt. Ich schaue aufs Display, die Nummer ist mir unbekannt, eine Festnetznummer, der Anruf kommt eindeutig nicht aus Niedersachsen, in diesem Bundesland kenne ich mich gut aus. Börßum, wo ich wohne, liegt nicht weit von Braunschweig im nördlichen Harzvorland, leicht hügelig, wunderschön.

«Hallo?», sage ich.

«Ach, Herr Wadas, gut, dass ich Sie erreiche. Ich bin so traurig.»

Der Stimme nach ist die Anruferin um die sechzig, aber schon so manches Mal habe ich mich bei meinen Einschätzungen getäuscht, nach oben und nach unten hin.

«Sie sollten nicht traurig sein», sage ich vorsichtig, denn ich weiß ja nicht, was sie zu dieser Bemerkung veranlasst hat.

Ich höre ein unterdrücktes Weinen, dann: «Sie wohnen ja so weit weg, und das mit dem Vorbeikommen gestaltet sich sicher schwierig für Sie, aber Sie müssen sich ins Auto setzen, am besten noch heute, ich habe ein ganz großes Problem.»

Sachlich frage ich nach, es könnte ja auch sein, dass die Frau sich verwählt oder meinen Beruf missverstanden hat: «Geht es dabei um eine Pflanze?»

«Ja. Um die wertvollste Pflanze, die ich besitze. Sie müssen kommen, so rasch wie möglich.» Nun bricht die Anruferin in Tränen aus. Ich kenne das, für manche Menschen sind Pflanzen so wichtig wie ein Haustier oder sogar wie die eigenen Kinder.

Hin und wieder werden diese sogar mehr geliebt als Vier- oder Zweibeiner.

«Beruhigen Sie sich», sage ich. «Das bekommen wir sicher schon hin.» Optimismus kann manchmal für den ersten Moment die beste Medizin sein. «Worum geht es denn überhaupt?»

«Um einen Elefantenfuß. Er scheint einzugehen, er bekommt braune Blätter, aber er darf nicht eingehen. Ich habe ihn von meiner Tochter. Es ist das Wichtigste, was ich noch von ihr übrig habe. Sie ist nicht mehr am Leben.»

Ich muss schlucken. Bei einer solch traurigen Geschichte ist es nur zu verständlich, dass die Anruferin derart aufgewühlt ist. Aber eigentlich ist ein Elefantenfuß (*Beaucarnea recurvata*) eine recht anspruchslose Zimmerpflanze, die auch nur selten umgetopft werden muss, weil sie so langsam wächst. Der Name «Elefantenfuß» passt, denn nach unten hin wird der Stamm breiter, und die Rinde erinnert an die Haut eines Dickhäuters.

«Wo wohnen Sie denn?», will ich nun wissen.

«In Rheinland-Pfalz, das ist für Sie wirklich ein weiter Weg, ich weiß. Aber ich bezahle Ihnen alles, auch ein Hotel, Hauptsache, Sie schauen sich den Elefantenfuß an.»

«Gibt es nicht eine gute Gärtnerei in Ihrer Nähe? Es sind einige Kilometer, die ich zu fahren hätte, und ich möchte Ihnen nicht so viele Kosten verursachen.»

«Ich habe mehrere Gärtnereien aufgesucht, aber niemand hat mir helfen können, es war zum Verzweifeln. Und dann habe ich Sie im Internet gefunden. Bitte, Sie sind meine letzte Hoffnung. Ich wohne auch in einer Gegend, wo es wunderbaren Wein gibt.»

Wenn das mal kein Grund ist, einen kleinen Ausflug zu machen. Nachdem mir Frau Krüger ihre Adresse mitgeteilt hat, gebe ich ihr das Versprechen, mich gleich auf den Weg zu machen. Ich freue mich auf eine landschaftliche Abwechslung, das

Harzvorland habe ich jeden Tag vor Augen, nicht aber das sonnenverwöhnte Mittelgebirge mit den hübschen Flusstälern von Rhein, Nahe, Mosel, Ahr und Lahn. Und da gerade keine wichtigen Termine anliegen und man als Pflanzenarzt immer auch auf Notfälle eingestellt ist – und dies scheint einer zu sein –, packe ich ein paar Sachen für eine mögliche Übernachtung zusammen, greife zu meiner «Arzttasche», die aus Leder und nicht braun ist wie jene, die Humanmediziner in Vorzeiten bei ihren Hausbesuchen benutzt haben, sondern grün mit einem weißen Kreuz. Zum Schluss verabschiede ich mich von meiner Frau Silvia, der ich die Situation kurz erkläre. Sie kennt meine Einsätze, wünscht mir, dass ich den Elefantenfuß retten kann.

«Es wird heute spät, ich will möglichst nicht dort übernachten», rufe ich ihr noch zu, die oben auf den Treppen unseres Hauses steht. Rund 400 Kilometer liegen vor mir; wenn es keine großen Staus gibt, rechne ich aus, kann ich gegen Mitternacht vielleicht wieder zu Hause sein. Die Kinder, die in der Schule sind, werden schon schlafen.

Und dann bin ich weg.

Es ist ein warmer Frühlingstag, überall blühen gelb die Rapsfelder, sie scheinen alles zu geben, um die letzte Farbe aus sich herauszuholen. Der Himmel ist selbstverständlich blau, oben schwirren ein paar kleine Wolken herum, die sich aber immer wieder auflösen. Sie haben aufgegeben, sich zusammenzuballen, haben nach einigen Anstrengungen bemerkt, dass sie keine Kraft dazu haben. Irgendwann wird ihre Zeit schon kommen, wo sie der Sonne jeden Durchgang verbauen und dann triumphieren können: *Wir sind schneller da, als ihr Menschen es euch heute vorstellen könnt.* Vielleicht schon morgen.

Ich kann mir gar nicht mehr vorstellen, wieder in der Stadt zu leben, dabei bin ich in Berlin groß geworden, mittendrin, in Kreuzberg, an einer vierspurigen Straße mit viel Asphalt und

Beton drum herum. Abends ist man mit dem Geräusch von Autos eingeschlafen und morgens mit ihm aufgewacht. Der Vorteil unserer Wohnung war jedoch, dass unsere Straße nahe der Hasenheide lag, eines riesigen Parks in Neukölln an der Grenze zu Kreuzberg, in dem Friedrich Ludwig Jahn, besser bekannt als Turnvater Jahn, seinen ersten Turnplatz eröffnete. Gut siebzig Jahre später kam es auf dem fünfzig Hektar großen Gelände zu einem Duell zwischen einem Offizier und einem Richter, da der Offizier eine Liebesbeziehung zu der Ehefrau des Richters unterhielt. Theodor Fontane griff dieses Drama in seinem Roman *Effi Briest* auf, bei ihm hieß der Offizier jedoch Baron Geert von Innstetten, der in Wirklichkeit den Namen Armand Léon Baron von Ardenne trug.

Meine Eltern erklärten den Park, aus welchen Gründen auch immer, für gefährlich, er sei «verrucht», hieß es, zu umgehen wie eine verruchte Eckkneipe, in die man auch nicht hineingehen durfte. Als Kind war es mir nicht erlaubt, den Park allein zu durchqueren, immer musste ich an der Straße entlanggehen, den Weg außen herum nehmen. Die elterlichen Mahnungen, so eindringlich sie auch waren, wurden aber ignoriert, man setzte sich über sie hinweg, unbekümmert nutzten wir das riesige Areal, um die wildesten Abenteuer zu erleben, ganz ohne dass uns etwas Schreckliches geschah. (Wenn meine Tochter heute das tun würde, was ich damals in Berlin angestellt habe, ich würde verrückt werden ...)

Hatten der Park, sein Rasen, seine Beete und seine Bäume auf mich abgefärbt? Die Liebe zum Grünen bei einem Großstadtkind? Oder war es die Klassenfahrt von Berlin nach Lengeleben in Niedersachsen, nicht weit von meinem heutigen Wohnort entfernt, mit einer Jugendherberge mitten in der Wildnis und umgeben von der Ruine eines Wasserschlosses? Wir Schüler streiften durch Lichtungen und Wälder mit unseren Schnitzmessern, und hatte ich es nicht schon in der Hasenheide ge-spürt, wurde ich nun gewahr, dass Natur etwas ganz Tolles ist. Meine Klassenlehrerin meinte zu mir: «Du machst später mal was im Grünen.» Ich hatte ihre Feststellung nicht ernst genom-men. Als Junge wollte ich immer Arzt werden, ich fand Heilen ungemein spannend, aber da ich kein Gymnasium besuchte, schien es fast unmöglich zu sein, diesen Beruf einmal ergrei-fen zu können. Eine meiner Lehrerinnen schenkte mir dafür ein Buch: *Die Wiese lebt. Streifzüge durch die Natur.* Ich weiß nicht mehr, welche Lehrerin genau es mir überreicht hatte, aber diejenige kannte mich offensichtlich besser als ich mich selbst.

Schließlich verließen meine Mutter und mein Stiefvater Berlin und zogen nach Börßum, da bestand und besteht der Ort noch immer mehr oder weniger aus einer einzigen langen Straße, ähnlich lang wie die in Berlin-Kreuzberg, nur zwei-spurig. Und die meisten Gebäude waren nicht grau und hatten mehrere Stockwerke mit vielen Mietern, die man nicht kannte, sondern es standen dort Einzelhäuser, oft noch altes Fachwerk, in denen einzelne Familien lebten, die man nach und nach mit Namen grüßte. Ich ging in dieser Gemeinde zur Schule, und als ich die beendet hatte, meinte mein Stiefvater:

«Du musst was Anständiges lernen.»

«Und was ist was Anständiges?», fragte ich.

«Klempner. Gas, Wasser, die Leute haben ständig Probleme damit. Klempner braucht man immer.»

Und wie man so ist als gut erzogener Junge, begann ich eine Lehre als Klempner, zwei Dörfer weiter. Das Gute an meiner Ausbildung war, dass der Ein-Mann-Betrieb kurz vor der Pleite stand. Mein Stiefvater hatte also nicht ganz recht mit seiner Pro-gnose gehabt. Vielleicht rief auch niemand den Mann zu sich, weil es bessere Handwerker in der Gegend gab, das konnte ich damals aber noch nicht richtig einschätzen. Mich kümmerten die spärlichen Aufträge wenig, denn weil es kaum etwas zu tun gab, ließ mich mein Lehrherr, ein knorriger Typ, so knarzend wie die Stiegen in den Fachwerkhäusern, die Gartenarbeit machen – der Betrieb war in seinem Wohnhaus untergebracht. Rasen mähen, Hecken und Sträucher zurückschneiden, Beete umgraben und Verblühtes entfernen. Das hatte mir so viel Spaß gemacht, dass ich meiner Mutter und meinem Stiefvater nach der Pleite des Klempners vor dem Ende meiner Ausbildung zu verstehen gab: «Ich werde nicht Klempner, sondern Gärtner.» Und so fing ich in der Gartenstadt Wolfenbüttel eine Gärtnerlehre an.

Was fand ich es spannend, als ich zum ersten Mal die Giftspritze in die Hand gedrückt bekam. Musste ich dazu erst in den Schutzanzug steigen, dann hinein in die Gummistiefel, musste ich zum Schluss noch die Schutzmaske aufsetzen, manchmal sogar in Verbindung mit einem externen Beatmungsgerät, so fand ich das verdammt cool. Ich sah in dieser Montur superspacig aus, wobei ich mir nie Gedanken darüber machte, was man denn da versprühte und ob das überhaupt auf Dauer gut für Mensch und Natur war. Wir Lehrlinge hatten nur zu lernen, richtig mit Pflanzenschutzmitteln umzugehen. Über ihre Zusammensetzung machten wir uns wenig Gedanken, wir dachten, dass wir es einzig beim Versprühen nicht unmittelbar einatmen sollten. Das war's dann auch.

Einmal musste ich in den Gewächshäusern ein besonders giftiges Zeug ausbringen, und mein damaliger Ausbilder kontrollierte aufs genaueste, dass Schutzanzug und Schutzmaske perfekt verschlossen waren und nichts eindringen konnte. Anschließend zog ich, ziemlich schwitzend, denn es war Sommer, mit meiner Giftspritze los, von Gewächshaus zu Gewächshaus. Irgendwann hatte ich das Gefühl, dass jemand in meiner Nähe stand. Schweißüberströmt drehte ich mich um und konnte kaum fassen, was ich da in meinem eingegrenzten Sichtfenster erblickte: Mein Ausbilder hatte nach mir schauen wollen, doch er steckte nicht in seinem Tarnoutfit, sondern trug Badelatschen, kurze Hosen und ein T-Shirt. Wer weiß, wie lange er mir schon zugesehen hatte? Da habe ich gedacht: Das kann es auch irgendwie nicht sein. Wenn der hier ohne Schutzanzug herumlatscht, kann das alles gar nicht so schlimm sein.

Er war ein harter Ausbilder, der genau darauf achtete, dass wir alles richtig machten. Erst dann war er zufrieden, wenn nicht jeder Lehrling einmal in der Woche vor Wut auf ihn heulte. Aber wir lernten viel bei ihm und in dem städtischen Betrieb, heute würde man in einer normalen Gärtnerei nicht mehr so viel Wissenswertes erfahren. Uns wurde noch beigebracht, wie man Begonien aussät. Ein Gramm Begoniensaat ergibt ungefähr 50 000 Pflanzen. Und nun versuchen Sie mal, ein Gramm Begoniensaat auszusäen. Die Saat wurde mit Quarzsand gemischt, dann weiter und weiter gestreckt, bis wir das Gemisch in Kästen aussäen durften. Erde wurde nicht gekauft, sondern selbst hergestellt, dazu sammelten wir Unmengen von Laub, das in den Frühbeeten gelagert wurde und darin dann verrottete, wobei wir aufpassen mussten, dass der Laubberg nie zu trocken wurde. Denn unter solchen Bedingungen konnten die Bakterien, die dafür sorgten, dass die Blätter nach und nach zu guter Lauberde wurden, nicht arbeiten.

Von Anfang an war mir klar, dass ich in meinem selbstgewählten Beruf nie viel Geld verdienen würde, Gärtner sind Idealisten. Das spürte ich auch, als ich noch während meiner Ausbildung in eine sogenannte Meister-WG zog. Alles, was der Gartenbau hergibt, war da vertreten und eben alles in Meisterqualität: Gärtnermeister, Floristmeisterinnen. Für mich waren diese Menschen Vorbild und Ansporn. Sie brachten mich etwa dazu, dass ich Unmengen von botanischen Namen büffelte, einschließlich der lateinischen Bezeichnungen. Und bei den gemeinsamen Mahlzeiten schnappte ich eine Menge an grünem Wissen auf.

Eines Tages, ich hatte gerade meine eigene Meisterprüfung abgelegt, das war im Jahr 1997, fing ich dann doch an, den Umgang mit der Natur und den Pflanzen zu hinterfragen. Nach und nach entwickelte ich ein anderes Bewusstsein. Ich dachte, es müsse auch anders gehen, und es geht auch anders.

Pflanzen sind Lebewesen und haben schon vor uns Menschen existiert, beträchtliche Millionen von Jahren haben sie uns voraus. Viele sehen Pflanzen als etwas Selbstverständliches an, denn sie begegnen uns ja jeden Tag, selbst in urbanen Zentren stehen irgendwelche Blumenkübel herum; ein Stadtpark oder ein Spielplatz, umgeben von Bäumen, Sträuchern und Rabatten, ist meist auch nicht weit entfernt. Doch das trifft nicht auf alle Menschen zu, für manche sind Pflanzen etwas ganz Besonderes, etwas Außergewöhnliches. Pflanzen sind für sie Freunde, mit denen sich wichtige Erinnerungen verbinden und damit auch Emotionen. Diese Pflanzenliebhaber leiden, wenn ihren grünen Lieblingen etwas fehlt, sie leiden genauso wie andere, wenn deren Kanarienvogel matt auf der Stange hängt und nicht mehr singt oder wenn jemand aus der Familie die Grippe bekommt. Und so wie Menschen und Tiere erkranken können, können es auch Pflanzen. Ein Arzt für uns Menschen ist schnell gefunden, aber wo finde ich Hilfe bei einer Pflanze? Und wie gehe ich mit ihr um? Mit der Chemiekeule, das hatte ich damals begriffen, war es so eine Sache, und meine war es inzwischen überhaupt nicht mehr. Dennoch gab es vor gut zwanzig Jahren kaum eine Alternative, es war schwer, die richtige Hilfe zu finden. So schrieb ich mir auf die Fahne: «Das ist deine Aufgabe, du musst nach etwas suchen, was Pflanzen heilt und dennoch ökologisch ist.» Vielleicht war es aber auch der liebe Gott gewesen, der gemeint hatte: «Du wirst jetzt Sprecher für die Pflanzen, ich stelle dich mal auf deren Seite, das ist in Zukunft dein Ding.»

Pflanzenarzt wurde ich nicht durch Beschluss, indem ich sagte: «Ab morgen bin ich Pflanzenarzt», sondern es hat sich über Jahre entwickelt. Ich musste eine Menge lernen, nicht so sehr theoretisch, eher durch Beobachten und Ausprobieren, indem ich ständig mit Pflanzen arbeitete. Und auch falsche Entscheidungen traf. Niemand ist so verständnisvoll wie eine Pflanze. Sie können mit ihr alles tun, Sie können jeden Fehler an ihr begehen, der nur vorstellbar ist. Dennoch: Die Pflanze wird jedes Mal zeigen, dass Sie einen Fehler begangen haben. Es gibt immer eine Reaktion. Wenn Sie einen Apfelbaum schneiden und das falsch anpacken, zeigt er im nächsten Jahr genau, was Sie nicht richtig gemacht haben. Schneidet man zu viel ab, wird er im nächsten Jahr stark austreiben mit unzähligen Wassertrieben. Bei einem zu strengen Rückschnitt möchte er nachlegen, weil ihm so viel genommen wurde. Schneidet man die falschen Triebe ab, die Fruchttriebe, gibt es keine Blüten und somit keine Äpfel. So sagt mir der Baum, was ich falsch gemacht habe. Im eigenen Garten ist Learning by Doing möglich.

Sehr viel habe ich mit Dünger ausprobiert, um die Abwehrkräfte der Pflanzen zu stärken. Entwickelte sich eine Pflanze unter einem bestimmten Dünger hervorragend, wusste ich, dass ich nichts verkehrt gemacht hatte. All diese Dinge merkt man sich, baut das eigene Wissen aus, indem man immer wieder neu kombiniert. Und da eine Pflanze nicht in zwei Tagen wächst, braucht man Zeit und Geduld. Wer ein Pflanzenarzt werden möchte, sollte nicht davon leben müssen, zumindest in den ersten Jahren kann man damit nicht viel Geld verdienen. Wie soll man das auch berechnen, wenn man mal kurz einen Tipp gibt? Man muss schon einen gewissen Spaß daran haben. Auch die Bestätigung wiegt viel auf, wenn die Leute hinterher anrufen

Baumschnitt – so sollte es nicht sein

und mir mitteilen, dass sie glücklich sind, weil ich ihnen hatte helfen können. Das geht runter wie Butter.

Ich hätte mich auch anders nennen können, aber bei der Bezeichnung «Pflanzenarzt» versteht jeder, was gemeint ist. Nein, das stimmt nicht ganz, denn manche rufen mich auch heute noch an und fragen: «Herr Wadas, ich habe so ein Ziehen im Knie. Was kann ich da machen?» Oder: «Mir ist seit einigen Tagen speiübel, mir geht es gar nicht gut, was können Sie mir da an Mittelchen empfehlen?» Anfangs war ich irritiert gewesen, bis ich begriff, was gemeint war. Ich klärte dann jedes Mal auf: «Sie haben da etwas missverstanden. Ich bin kein Arzt, der Menschen pflanzlich oder homöopathisch behandelt, sondern ein Arzt, der Pflanzen wieder gesund macht.» Aha.

Ohne einen Stau bin ich durchgekommen, habe Nordrhein-Westfalen und Hessen gestreift, nun bin ich in der Nähe von Koblenz und der Mosel. Ein leichter Wind weht, die Weinberge sehen noch kahl aus. Ich muss an die Schädlinge denken, die die Winzer zum Zittern bringen und immer eine Herausforderung sind: Milben, Wespen, Reblaus, Rebzikaden, Mehltaupilze, Dickmaulrüssler und ganz besonders Traubenwickler. Traubenwickler, eine Schmetterlingsart, sind eine Plage, besonders die Larven der zweiten Generation sind gefürchtet. Sie fressen gern und viel, aber das ist nicht das größte Problem. Bei ihrem großen Fressen werden die verletzten Beeren von einem Grauschimmel überfallen, verfaulen dann, ohne dass sie je reif werden. Um weniger Chemie einzusetzen, versuchen Winzer es mit einer «Verwirrmethode», um auf natürliche Weise eine Massenentwicklung von Traubenwicklern zu verhindern. Dabei werden Ampullen mit weiblichen Sexualhormonen in regelmäßigen Abständen im Weinberg ausgehängt. Auf diese Weise entstehen Pheromonwolken, die verhindern, dass Männchen gezielt Weibchen zur Begattung aufsuchen.

Ich muss schmunzeln, denn bei Pheromonfallen fällt mir mein Freund Jürgen Heinz ein. Vor einigen Jahren wurde ich in einen Kleingartenverein eingeladen, ein älterer Herr hatte mich bestellt, er war der erste Vorsitzende des Vereins und auch überregional tätig, ein ganz hohes Tier also, was das Kleingartenmetier betraf, und natürlich wusste er alles. Und das wollte er mir gegenüber demonstrieren. Aber nicht nur er hatte aus diesem Grund ein großes Interesse daran, dass ich zu ihm in sein Kleingartenreich kam, sondern auch alle seine Kleingartenfreunde und Kleingartennachbarn. Sie hatten zusammengelegt, um mich für einen Besuch zu bezahlen. Ich war dem älteren Herrn ein Dorn im Auge. «Wie kann der bloß in meinem Revier wildern?», stand unübersehbar in seinem Gesicht geschrieben.

Bevor ich die anderen Kleingärtner traf, fing Jürgen Heinz mich ab und führte mich durch die Kleingartenanlage. Er war sicher an die siebzig, ungemein rüstig, mit seinen grauen Au-

Apfel mit Apfelwickler (Cydia pomonella)

gen musterte er mich von oben bis unten, der Scheitel seiner weißen Haare schien bewusst gerade gezogen zu sein, die Bügelfalten seiner Hose waren perfekt, hier stand einer vor mir, der den Ton angeben wollte.

«Ich zeige Ihnen mal, was ich alles bislang gemacht und veranlasst habe», sagte er laut und deutlich, als hätte er jemanden vor sich, der sich weigerte, ein Hörgerät zu tragen. Das kam unter seinen Kleingartenfreunden sicher öfter mal vor.

Ich sollte natürlich alles wunderbar finden, das war mir sofort klar. Als Erstes wies er auf jene Pheromonfallen, die männliche Falter anlocken sollen. Zu ihnen gehörten in diesem Kleingarten zum Beispiel der Apfel- und der Pflaumenwickler, beide werden im Obstbau und Hausgarten als Schädling angesehen. Stolz erzählte mir Herr Heinz, bei der letzten Versammlung hätte er alle Kleingartenbesitzer davon überzeugen können, solche Fallen in ihren Obstbäumen aufzuhängen.

Ich sah mir das an, und in jedem Apfel- und in jedem Pflaumenbaum hing dann tatsächlich so eine Falle. Das war aber falsch, eine Maßnahme, die das Gegenteil bewirken konnte. Doch wie erklärte ich ihm das, ohne ihn zu kränken? Schließlich sagte ich: «Stellen Sie sich doch mal vor, ich bin ein Apfelwickler. Ich bin so ein Männchen und fliege hier an diesen Bäumen vorbei. Wenn keine Fallen drin sind, rieche ich da mal ein Weibchen, dort mal eines, und irgendwann fliege ich irgendwo in einen Baum hinein und befruchte ein Weibchen. Danach bin ich auch schon wieder weg. Und nun sehen Sie sich das hier an, Herr Heinz. Hier fliege ich an den Bäumen vorbei, und in jedem Baum hängt eine Pheromonfalle. Da werde ich als männlicher Wickler komplett verrückt, denke, wow, hier riecht ja alles so super nach Weibchen. Und was mache ich? Ich rufe meine Kumpels an, und die kommen flugs vorbei, eine solche Gelegenheit wollen sie sich nicht entgehen lassen. Eine Sexorgie bleibt nicht aus. Denn einige meiner Spezis sind ziemlich helle, die bleiben nicht an der Falle kleben, die nehmen sich noch ein reales Weibchen, das im Baum ist, und befruchten es mit aller Lust und Laune. Bei einem solch wüsten Treiben merkt man als Obstbaumbesitzer im Endeffekt keinen Unterschied. Ob mit oder ohne Falle, die Wickler vermehren sich rapide.»

«Mmh.» Jürgen Heinz blickte mich konsterniert an, eine kleine Windbö strich durch seine Frisur, einzelne Haare zitterten. Der Scheitel interessierte ihn nicht mehr, ihm war anzusehen, dass er das Problem genauestens überdachte. Nach einer Weile sagte er: «Sie meinen, die Fallen müssen weg vom Baum? Und dann auch nicht so viele?»

Mein Gegenüber war selbst auf die Lösung gekommen, er hatte zudem offenbar nicht das Gefühl, ich hätte ihn womöglich belehrt. Als Pflanzenarzt belehrend zu wirken, wäre der größte Fehler. Feingefühl ist angebracht – wie gehe ich mit den Pflanzenliebhabern so um, dass ich sie auf meine Seite bekomme? Den schwierigsten Personen versuche ich klarzumachen, dass alles ihre Idee ist und nicht meine. Das praktiziere ich auch zu Hause im Umgang mit meiner Frau, da muss ich ganz diplomatisch vorgehen, wenn ich etwas verändern möchte. Im Nachhinein ist sie dann felsenfest davon überzeugt, dass es ihr Einfall gewesen war.

«Am besten ist es, die Fallen zwei, drei Meter vom Baum entfernt aufzuhängen. Ich will die Wickler ja vom Baum weg- und nicht hineinlocken.»

Jürgen Heinz strich sich mit seiner kräftigen Hand, die von Altersflecken überzogen war und sicher schon manchen Garten umgegraben hatte, durch das weiße Haar, das noch sehr dicht war. Der Scheitel war jetzt vollends im Eimer. «Ja, ja, recht haben Sie. Das kann ich nicht anders sagen. Und wie viele Fallen sollen wir aufhängen?»

«Es reicht, wenn sie in der Nähe jedes zweiten Baums angebracht werden.»

Seitdem sind Jürgen Heinz und ich beste Freunde. Immer wenn er nicht genau weiß, wie er mit einer Sache umgehen soll, ruft er mich an.

Nun nähere ich mich Koblenz, fast habe ich das Ziel meiner SOS-Reise erreicht.

KAPITEL 2

HEIKLE FAMILIENANGELEGENHEITEN – ODER DIE SACHE MIT DEM GRÜNEN DAUMEN

Ich klingle, am Türschild steht «Krüger», ich müsste richtig sein. Ich befinde mich vor einem hübschen Haus mit Sprossenfenstern, im Vorgarten blüht es in allen Farben. Frau Krüger öffnet sofort die Tür, als hätte sie mich in diesem Moment erwartet. Ihr Alter hatte ich gut getroffen, sie wirkt zierlich, doch ich kann mir vorstellen, dass sie auch schon mal zwei Kleidergrößen mehr gehabt hat. Die rötlich blonden Haare, mit Sicherheit gefärbt, sind kinnlang geschnitten, sie trägt weiße Hosen und eine Bluse mit einem feinen geometrischen Muster, dazu eine Perlenkette.

«Ich kann es kaum glauben», sagt sie zur Begrüßung und eilt auf mich zu, um mir die Gartenpforte zu öffnen. «Jetzt wird bestimmt alles gut.» Sie führt mich ins Haus, erzählt mir, dass ihre Tochter lange unter einer schweren Krankheit gelitten habe, Krebs habe sie gehabt, lange habe sie gekämpft, am Ende aber habe die Krankheit über sie gesiegt.

«Und der Elefantenfuß hat Ihrer Tochter gehört, und sie hat ihn sehr geliebt?», frage ich.

«Über alles. Er stand immer in ihrem Zimmer, als sie nicht mehr aufstehen konnte. Er war ihr ein großer Trost, und für mich ist er es auch, er erinnert mich an sie und die gemeinsamen Stunden mit ihr an ihrem Bett, an die letzten Stunden. Die Pflanze darf nicht eingehen. Das wäre, als würde meine Tochter noch einmal sterben. Das könnte ich nicht ertragen.»

«Was haben Sie denn mit der Pflanze gemacht, als Sie diese zu sich nahmen?»

«Ich habe sie umgetopft. Ich wollte ihr etwas Gutes tun und ihr mehr Raum zum Wachsen geben. Schauen Sie, hier ist sie.»

Der Standort ist günstig, im Wohnzimmer auf einem kleinen Tisch neben dem Fenster, sodass die Pflanze genügend Sonne bekommt und auch keine Zugluft, die mag sie nämlich nicht. Der sonst so hübsche grüne Blätterwuschel, der mich an Trollhaare erinnert oder an Ponys, die vor lauter Zotteln kaum noch was sehen können, sieht ziemlich traurig aus, supertraurig.

«Haben Sie der Pflanze häufig Wasser gegeben?»

Frau Krüger nickt. «Mindestens jeden zweiten Tag. Sie soll sich doch bei mir wohl fühlen.»

«Ich glaube, das war zu viel.»

«Zu viel?»

Jetzt nicke ich. «Elefantenfüße sind wie Kakteen Sukkulenten, diese Pflanzen speichern Wasser. Man darf sie nur gießen, wenn die Erde durchgetrocknet ist.»

«Können Sie denn noch was machen?» Die Stimme von Frau Krüger ist ganz leise geworden, ihre Augen verdunkeln sich.

«Sie haben mich früh genug erreicht. Der Elefantenfuß wird nicht sterben, der kann sich wieder prima erholen.»

«Was muss ich denn dafür tun?»

«Nochmals umtopfen, weil das jetzige Zuhause zu nass ist. Und nehmen Sie keine feuchte Erde, sondern pflanzen sie ihn in einen sandigen Boden. Seine Heimat ist Mexiko, da ist der Boden viel sandiger als hier in Rheinland-Pfalz, wo er auch schon eine gewisse Sandigkeit hat.»

«Und dann wird alles gut?»

«Dann wird alles gut.»

«Ich muss wohl ein bisschen vorsichtiger mit ihm sein.» Liebevoll betrachtet Frau Krüger ihren Elefantenfuß, sie ist, so vermute ich, in Gedanken bei ihrer Tochter. Ich denke an meine eigene, wünsche ihr, dass sie noch ein langes Leben vor sich hat.

«Und sonst muss ich gar nichts machen?» Frau Krüger reißt mich aus meinen Gedanken.

«Gar nichts», bestätige ich.

Zum Abschied drückt sie mir selbstgebackenen Schokoladenkuchen in die Hand: «Für die Rückfahrt. Aber ich bezahle Ihnen auch ein Hotelzimmer, dann können Sie noch ein wenig von unserem guten Wein trinken. Sie sind so weit gefahren ...»

Ich schüttle den Kopf. «Meine Familie wartet.»

«Das verstehe ich gut.»

Frau Krüger winkt mir hinterher, ihre Gesichtszüge sind ganz weich.

Noch ist es hell, aber der Himmel hat Wolkenzuwachs bekommen. Auf meiner Tour nach Hause freue ich mich darüber, dass es für die Pflanze nicht zu spät war. Es wäre schrecklich gewesen, wenn ich anderes hätte diagnostizieren müssen. Ich war nicht davon ausgegangen, aber insgeheim gibt es eine Ecke in meinem Innern, in der ich die Fälle verstaut habe, bei denen der «Patient» nicht mehr zu retten war.

Ein paar Monate später erhalte ich eine E-Mail von Frau Krüger: «Ich habe alles so getan, wie Sie es mir geraten haben – der Wiederbelebungsversuch ist geglückt!»

Noch in einem anderen Fall unternahm ich eine weite Reise für eine einzelne Zimmerpflanze. Irene Günther hatte mich nach Duisburg gebeten, genauer gesagt in einen Vorort von Duisburg. In einer E-Mail hatte sie ihre Notsituation erklärt: «Meine Lieblingspflanze ist krank, ich hänge sehr an ihr, und zu meinem größten Bedauern ist es auch meine einzige Pflanze, die ich habe. Ein altes Familienerbstück. Meine Schwester hatte mir diese Pflanze wegnehmen wollen, aber ich habe sie ihr nicht gegeben. Darauf hat sie mich als inkompetent bezeichnet, was ja irgendwie zu stimmen scheint, doch das macht es auch

nicht besser. Ich brauche unbedingt Ihre Hilfe, Sie müssen dafür sorgen, dass meine Pflanze wieder in voller Stärke strahlt, allein schon wegen meiner Schwester. Vielleicht können Sie mir mehr über meinen Mitbewohner erzählen, sodass ich mich besser um ihn kümmern kann. Ich brauche sozusagen das volle grüne Programm.»

Nach diesem Hilferuf durfte ich ebenfalls nicht lange warten. Ich machte mich auf den Weg nach Duisburg, gespannt darauf, was mich erwartete. Natürlich weiß ich von Menschen, die in ihren Wohnungen nicht eine einzige Zimmerpflanze halten, aber bedingt durch meinen Beruf komme ich nur selten mit ihnen in Kontakt. Viele hätten gern Pflanzen in ihrem Zuhause, sind aber ständig unterwegs und meinen, sie würden bei ihnen vertrocknen und eingehen. Erzähle ich ihnen etwas von Hydro-

kulturen, bei denen man ohne konventionelle Blumenerde aus-
kommt, winken sie ab, finden das viel zu umständlich. Dabei
ist das Prinzip mit den Blähtonkugeln ziemlich einfach. Und
viele vertreten auch hartnäckig die Ansicht, dass Pflanzen im
Zimmer ihnen den Sauerstoff wegnehmen würden, oder sie gehen davon aus, dass sie keinen grünen Daumen hätten, so wie es
bei Frau Günther in Duisburg der Fall war.

Irene Günther stand schon am Fenster, ich konnte das an den
Bewegungen der Gardinen erkennen. Ich klingelte, und die Tür
wurde sofort aufgerissen. Eine Mittvierzigerin stand vor mir,
blonde Kräusellocken, blass geschminkte Lippen, einen beige-
farbenen Schal um den Hals, Pullover und Karorock.

«Ich führe Sie gleich zu Ihrem Patienten», sagte sie wie eine
Arzthelferin, die keine Zeit verlieren wollte, weil das Wartezim-
mer brechend voll war. Dabei gab es hier nur eine Kranke.

Das Wohnzimmer war sehr dunkel, fast ein bisschen schummerig und düster, die Schrankwand aus einem dunklen Holz,
auch die Sitzgarnitur war überzogen mit einem dunkelbraunen
Cordstoff, auf dem Couchtisch stand einsam eine kleine Glas-
vase mit ausgeblichenen Plastikblumen. Über allem hing eine
Wolke aus Rauch, kaltem Rauch, denn obwohl es noch Frühjahr
war und draußen sehr kühl, war der Raum kaum geheizt, gefühlte 15 Grad Celsius.

«Das ist mein Problem.» Frau Günther wies nicht auf den
Plastikstrauch, mein Patient war ein etwa fünfundzwanzig Jahre
alter Kaffeestrauch (*Coffea arabica*), beheimatet in den tropischen
Gefilden Afrikas, ungefähr zwei Meter hoch, die immergrünen
Blätter hatten ihren typischen Glanz verloren, die starken Blatt-
rippen waren dunkel ausgeprägt.

«Hat Ihr Kaffeestrauch in letzter Zeit geblüht?», fragte ich.
«Normalerweise betört er ja durch seine weißen, stark duftenden Blüten.»

Irene Günther verneinte. «Ich warte schon seit Jahren darauf, dass er wieder blüht. Anfangs hatte er das getan, und danach kamen diese kleinen grünen, dann im reifen Zustand die roten und später schwarzen Beeren. Wunderschön war das, aber jetzt ... Sie sehen ja selbst, mit der Pflanze ist nicht mehr viel los. Doch ich kann überhaupt nicht verstehen, warum sich der Strauch nicht wohl bei mir fühlt. Ich habe keine Erklärung dafür. Es darf einfach nicht sein, dass meine Schwester recht behält.»

Ich gewann den Eindruck, dass es eine große Konkurrenz zwischen den Schwestern gab, womöglich von Kindheit an, und dass die Schwester nicht ganz falschgelegen hatte, als sie den Kaffeestrauch in ihre Obhut nehmen wollte. Aber das sagte ich nicht laut, ich wollte nicht den Finger in die offene Wunde legen. Das stand mir auch gar nicht zu. Doch ich kam nicht drum herum, die Zimmerbedingungen anzusprechen.

«Duisburg ist nicht die Tropen», begann ich vorsichtig. «Ein Kaffeestrauch mag es gern warm, er gedeiht erst richtig, wenn er über 21 Grad um sich hat.»

«O Gott, dann ist es hier ja zu kalt.» Frau Günther schlug die Hände über dem Kopf zusammen. «Dabei habe ich extra für die Pflanze die Temperatur niedrig gehalten, ich dachte, sie verliert die Blätter, wenn es zu warm ist. Und natürlich bin ich auch Raucherin, da lüfte ich oft, mache Durchzug.»

«Und da wären wir beim nächsten Problem. Ein Kaffeestrauch mag zwar gute Luft, aber er steht bei Ihnen durch das Lüften nicht wirklich windgeschützt. Das braucht er aber. Sobald es draußen wärmer wird und die Wachstumszeit für den Strauch beginnt, sollten Sie ihm den Gefallen tun und ihn auf den Balkon in eine Ecke stellen, wo er am wenigsten dem Wind ausgesetzt ist. Und regelmäßig mit kalkarmem Wasser gießen, am besten mit Regenwasser, denn der Boden der Pflanze sollte leicht sauer sein. Achten Sie aber darauf, dass keine Staunässe entsteht, die Pflanze keine nassen Füße bekommt. Denn zu viel Wasser im Übertopf bewirkt diese braunen Ränder am Blatt. Sehen Sie?»

«Woher soll ich denn in einer Etagenwohnung Regenwasser nehmen?»

«Ihr Balkon ist nicht komplett überdacht, da können Sie am Balkonrand einen kleinen Eimer oder eine Wanne hinstellen, das reicht für den Kaffeestrauch, Sie müssen ja keine Plantage bewässern. Und dann sollten Sie Ihre Pflanze alle vierzehn Tage mit einem Flüssigdünger versorgen, das macht sie glücklich. Später, in den Wintermonaten, sollten Sie sie nur wenig gießen und das Düngen komplett einstellen, dann kann der Kaffeestrauch auch mit Temperaturen unter 21 Grad fertigwerden.»

«Und Umtopfen? Eine Nachbarin meinte, ich sollte ihn umtopfen, dann würde er sich wieder erholen. Aber ich habe das gerade vor einem halben Jahr getan.»

«Mit dem Umtopfen können Sie sich tatsächlich noch ein wenig Zeit lassen. Es reicht aus, wenn Sie den Strauch alle zwei, drei Jahre in neue sandige Erde setzen, denn in seinem Alter wächst er kaum noch.»

Irene Günther zündete sich eine Zigarette an und wedelte mit der freien Hand den Rauch von uns weg. «Und wenn ich all das befolge, was Sie mir gerade aufgetragen haben, dann wird mir meine einzige Pflanze auch wirklich erhalten bleiben?»

«Da bin ich mir ganz sicher.»

«Und dann wird auch wieder alles gut mit meiner Schwester.» Ein tiefer Seufzer drang aus ihrer Brust. «Wenn der Strauch wieder blüht und Früchte ansetzt, wird sie das bestimmt freuen. Sie liebt Pflanzen über alles, bei ihr gedeiht alles wunderbar. Ich hatte nie ein Händchen für Pflanzen, doch mit diesem Kaffeestrauch hatte ich ihr zeigen wollen, dass ich nicht völlig auf diesem Gebiet versage.»

Nun war auch ausgesprochen, warum Irene Günther es nie gewagt hatte, mehr Grün in ihr Leben zu lassen. «Und mit den Beeren, also der Saat beziehungsweise den Kaffeebohnen, können Sie sehr einfach Zuwachs züchten. Dazu müssen Sie nichts weiter tun, als ein Samenkorn in einen Topf mit Aussaaterde eingraben, und schon nach wenigen Tagen erscheint eine neue Pflanze. Damit diese zu einem schönen Strauch heranwachsen kann, sollte die Pflanzenspitze ausgekniffen werden, so wächst er nicht nur in die Höhe, sondern ebenso in die Breite. Sie werden sehen, dass Sie das können – und so kann Ihre Schwester auch noch zu einem eigenen Kaffeestrauch kommen.»

In der Hoffnung, einer zukünftigen Pflanzenliebhaberin mehr Selbstvertrauen in ihren grünen Daumen gegeben zu haben, fuhr ich wieder heim. Ich drückte meine Daumen, dass die kleine geschwisterliche Kabbelei bald beigelegt sein würde. Pflanzen sollten verbinden und nicht trennen.

KAPITEL 3

MEIN GROSSER GRÜNER ARZTKOFFER

Manchmal grienen meine Kunden, wenn sie sehen, wie ich mit meiner grünen Arzttasche um die Ecke komme. Hebammen benutzen häufig eine solche, Mediziner stehen nicht so auf das Grün mit weißem Kreuz. Viel habe ich mit einer Hebamme nicht gemeinsam – oder doch, ich kann Pflanzen auf unterschiedliche Weise auf die Welt bringen, wenn es bei ihnen auch einfacher ist als bei den Menschen.

Was aber ist in meiner grünen Tasche? Wie in der Arzttasche eines Humanmediziners ist alles in ihr drin, was ich für die erste Diagnose benötige. Das Wichtigste habe ich aber an meinem Körper, das sind meine Augen, die erkennen erste Symptome sofort. Über die Jahre habe ich viele Schadbilder in meinem Kopf

Wichtige Utensilien vom Pflanzenarzt

Ein Blick in meine große grüne Arzttasche

abgespeichert; viele sehen ähnlich aus. Aber nicht nur meine Augen sind entscheidend, im Grunde setze ich all meine Sinne ein, wobei mein Geschmackssinn am wenigsten zu tun hat, manchmal kann aber selbst dieser bei einer Diagnose helfen. Proteine in einer Frucht, wie sie beispielsweise die Kirschmade verursacht, lassen sich nämlich schmecken.

Nun aber Tasche auf: Sofort fällt ein elektronisches Messgerät auf, mit dem ich den pH-Wert im Boden messe. Mit ihm stelle ich fest, ob der sauer oder alkalisch ist. Die Werte liegen zwischen 3 und 8, wobei 3 auf «stark sauer» hinweist und 8 auf «alkalisch». «Sauer» hat nichts mit dem Gemüt der Pflanzen zu tun, obwohl man ihnen nachsagt, dass sie Empfindungen haben. Hier geht es ganz einfach darum, wie und in welcher Menge Pflanzennährstoffe zur Verfügung stehen. Ein Beispiel: Moorbeetpflanzen wachsen, wie der Name es schon sagt, gerne in Moorbeeterde, die größtenteils aus Torf besteht. Eine solche Erde ist sauer und hat einen pH-Wert von zirka 3,5–4. Dass

Kaffeesatz, in den Boden eingearbeitet, den Boden sauer macht und man dadurch die beste Grundlage für Moorbeetpflanzen schafft, ist im Übrigen ein Mythos. Kaffeesatz kann als Dünger verwendet werden und vertreibt durch das Koffein so manchen Plagegeist, er hat allerdings einen pH-Wert von 6,5 – das ist zu hoch für Moorbeetpflanzen.

Pflanze ich jetzt einen Rhododendron, eine Moorbeetpflanze, in einen schweren Mutterboden mit einem pH-Wert von 6,5, wird der Rhododendron in kurzer Zeit Nährstoffmangelerscheinungen bekommen. Dunkelgrüne Blattadern werden sich abzeichnen. Das ist für ein geschultes Auge ein Zeichen von Eisenmangel durch einen zu hohen pH-Wert. Nun kann ich Gegenmaßnahmen einleiten und beim Rhododendron durch Zugabe von Spezialdünger oder Rhododendronerde den pH-Wert senken.

Der umgekehrte Fall existiert auch. Pflanzen Sie einen Trompetenbaum (Catalpa) in einen zu sauren Boden, wird er es Ihnen übelnehmen, denn er mag einen pH-Wert von 7,5–8. Um diese Differenz zu beheben, ist die einfachste Lösung, den pH-Wert mit Kalk aus dem Gartencenter auszugleichen. Rasen wiederum bevorzugt einen leicht sauren Boden mit einem pH-Wert von 5,5. Dieser Bodenwert ist also sehr wichtig für die Gesunderhaltung und Nährstoffaufnahme unserer Pflanzen. Entsprechend wichtig ist das Gerät in meiner Tasche.

Ist der pH-Wert in Ordnung, hole ich mein nächstes Gerät aus der Tasche, einen PE-Controller. Ob Topf-, Balkon-, Terrassen- oder Gartenpflanzen, mit diesem Messinstrument kontrolliere ich die Nährstoffaufnahme. Ich kann so erkennen, ob nicht ausreichend oder zu viel Dünger vorhanden ist, und das innerhalb von wenigen Minuten. Oft werde ich von hilfesuchenden Pflanzenfreunden mit großen Augen angeschaut, wenn ich frage, wann sie ihre Pflanzen das letzte Mal mit Nährstoffen versorgt haben. Jede Pflanze braucht – ähnlich wie wir Menschen – Nahrung, und auch hier kommt es auf die Qualität an. Erst recht, wenn Zimmerpflanzen mit ihren Wurzeln über Jahre knapp dem Hungertod in viel zu kleinen Töpfen entkommen und einzig dahinvegetieren. Müssen Gemüsesetzlinge in einer Massenpflanzhaltung (es gibt nicht nur Massentierhaltung) dicht an dicht gedrängt und um jeden Zentimeter Boden ringend ihr Dasein fristen, ist es notwendig, dass sie genügend Nährstoffe erhalten, um zu gedeihen.

Aber was sind die entscheidenden Pflanzennährstoffe? Auf Düngerflaschen befindet sich die Bezeichnung «NPK», das sind die Buchstaben für die drei wichtigsten Hauptnährstoffe, die jede Pflanze braucht. N steht für Stickstoff, er ist gleichsam der Motor für die Pflanzen, er sorgt dafür, dass Masse gebildet wird, was wiederum die Pflanze wachsen lässt. P ist die Abkürzung für Phosphat; das Salz ist für die Blüten-, Frucht- und Wurzelbildung zuständig. K ist die Kurzform von Kalium, ein Alkalimetall, das für starke Zellwände zuständig ist, den Wasserhaushalt reguliert sowie Pflanzen winterhart und widerstandsfähig gegen Schädlinge macht. Weiterhin benötigen sie Calcium (Ca) für die Stabilität und Magnesium (Mg) für die grüne Färbung. Aber das ist noch nicht alles, was Pflanzen benötigen, in jedem guten Dünger sollten noch in geringen Mengen Spurenelemente beziehungsweise mineralische Nährstoffe vorhanden sein. Dazu gehören Eisen (Fe), Bor (B), Zink (Zn), Molybdän (Mo), Mangan (Mn), Kupfer (Cu) oder Chlor (Cl).

NPK, die Hauptnährstoffe, nennt man auch die grünen Nährstoffe, sie machen den größten Teil der Pflanzenkost aus. Die Spurennährelemente, die schwarzen Nährstoffe, können mengenmäßig mit den grünen nicht mithalten, werden aber unbedingt gebraucht. Fehlt nur ein einziges Spurenelement, kommt es zu Mangelerscheinungen, die sich unterschiedlich bemerkbar machen. In unseren Gemüsegärten sind meistens genügend Nährstoffe vorhanden, umso weniger bei der einen oder anderen Topfpflanze. Deshalb sollten Sie auf einen guten Dünger achten.

WENN DER GARTENBODEN SCHLAPPMACHT

Jeder kennt das: Man fühlt sich ausgelaugt, müde und antriebslos. So kann es auch dem Gartenboden ergehen. Er ist ausgelaugt von stark zehrenden Pflanzen, verweht vom Wind, ausgewaschen vom Regen. Dann ist es Zeit, dem Boden etwas zurückzugeben, eine Gründüngung mit Pflanzenspezialisten. Zu diesen Pflanzen gehören zum Beispiel Lupinen, die ihre eigene Düngefabrik besitzen. Sie arbeiten mit Bakterien zusammen, den Knöllchenbakterien, die an den Wurzeln von Leguminosen wie der Lupine ins Gewebe eindringen und Knöllchen bilden, in denen sie fröhlich vor sich hin leben. Dass sie das ungestört können, hängt damit zusammen, dass sie sich ihr Dasein verdienen. Sie reichern den Boden mit Stickstoff an, den sie aus der Luft binden und den Pflanzen verfügbar machen. Von den Pflanzen wiederum erhalten sie Wasser und organische Stoffe, eine perfekte Symbiose, ein ideales Zusammenleben von zwei Organismen zu beiderseitigem Nutzen.

Zu den Stickstoffsammlern zählen aber auch Klee und Wicken; Erbsen und Bohnen aus dem Gemüsegarten gehören ebenfalls dazu. All den genannten Schmetterlingsblütlern ist es deshalb möglich, auf ungedüngten, stickstoffarmen Böden zu gedeihen. Aus diesem Grund verwendet man sie zur Gründüngung auf magerem Boden, indem man die oberirdischen Teile unterpflügt. So wird der Boden mit Nährstoffen angereichert. Andere Gründüngungspflanzen wie der schnell wachsende Senf werden gleichfalls zur Erholung des Bodens ausgesät. Die Wurzeln der Pflanzen gehen tief in die Erde und nehmen Nährstoffe auf, die vom Regen ausgewaschen wurden und von unseren Gartenpflanzen nicht mehr erreicht werden können. Durch das Abdecken des Bodens mit Senfpflanzen wird ein Austrocknen, Verschlämmen, Verkrusten oder Abtragen verhindert. Das tiefe Durchwurzeln sorgt dafür, dass verdichtete Böden wieder gelockert werden.

Haben Sie gerade neu gebaut und wollen einen Garten anlegen, sollten Sie als Erstmaßnahme Senf anbauen. Die Bodenstruktur wird dadurch maßgeblich zum Positiven verändert. Der Anbau von Senf oder von Ölrettich als Gründüngung dient auch zur Bekämpfung von Nematoden, also Fadenwürmern (diese wurmförmigen Viecher können gemeine Schädlinge sein und penetrant herumräubern, aber auch sehr nützlich sein, siehe S. 146). Eine Gründüngung

Lupinen in unserem Garten (Lupinus)

unterstützt die Bildung von Humus und wirkt auch hier gegen Bodenerosion und das Auswaschen von Pflanzennährstoffen aus dem Boden. Durch die Verwendung schnell wachsender Pflanzen können unerwünschte Unkräuter unterdrückt werden. Ihren Wunschpflanzen stehen am Ende rund 2,5 Gramm Stickstoff pro Quadratmeter zusätzlich zur Verfügung. Das ist kein schlechtes Ergebnis.

Winterharter Gründünger sollte gehäckselt werden, er liegt dann wie Mulch auf dem Boden. Pflanzen, die verfrieren, brauchen dagegen nicht gehäckselt zu werden. Im Frühjahr können dann die Pflanzenreste in den Boden gearbeitet werden. Phacelia ist ein Gründung, zugleich ist die Pflanze mit ihren blau-violetten Blüten hübsch und ein Magnet für Bienen, weshalb sie auch als Bienenweide bezeichnet wird. Bei ungefähr minus 5 Grad erfrieren die Pflanzen und können als Mulchmaterial bis ins nächste Jahr liegen bleiben. Verschiedene Gründüngungsmischungen sind im Handel erhältlich. Abgestimmt sind sie meistens für schwere oder leichte Böden.

Grundsätzlich tut es dem Boden nicht gut, wenn er nach der Ernte umgebrochen wird und bis zur nächsten Pflanzung kahl bleibt. Ein Abmulchen nach der Ernte erhält den Boden fruchtbar. Der eine oder andere Gärtner muss da wohl über den eigenen Schatten springen und die Ordnung im Garten nicht zu genau nehmen. Ausschlaggebend ist jedoch die Bodenfruchtbarkeit für unsere Ernteerträge und die Pflanzengesundheit. Regelmäßiges Eintragen von Humus ist deshalb wichtig und sollte nicht unterschätzt werden. Ein schön gegrabener Acker ist nur für unsere Augen ein zufrieden machender Anblick. Blanke schwarze Erde ist dem Wetter ausgesetzt, und guter Mutterboden wird schneller abgetragen, als er nachwachsen kann. Also: Ein gesunder Boden ist das Maß aller Dinge.

Die günstigste Art, Pflanzen zu düngen, da kostenlos, ist aber eine Jauche aus Brennnesseln. Brennnesseln sind seit Jahrhunderten mit den Menschen verbunden, sind mit ihnen von Ort zu Ort gewandert. Die Große Brennnessel (*Urtica dioica*) mag es nicht allein, sie ist stets in großer Anzahl anzutreffen, und mit ihren unterirdischen Rhizomen kann sie sich in kürzester Zeit verbreiten. Bei vielen Gärtnern hat sie einen schlechten Ruf, weil sie ihrer Meinung nach nicht in gepflegte Gärten passt. Aber die Brennnessel wird unterschätzt, sie ist nicht nur ein lästiges Unkraut. Aus diesen Pflanzen können Sie einen biologischen Dünger herstellen, einen besseren werden Sie kaum bekommen, es ist ein effektiver organischer Stickstoffdünger, der Eisen, Calcium, Phosphor und Magnesium enthält. Einige stellen Pralinen in einer Manufaktur her, Sie Dünger: Auf ein Kilo Brennnesseln kommen zehn Liter Wasser.

Pflanzenauszüge leicht gemacht

Das Ganze lassen Sie zehn bis zwanzig Tage gären (der Gärprozess variiert je nach Erntezeit), wobei regelmäßiges Rühren unbedingt erforderlich ist. Wird die Brühe klar und schäumt nicht mehr, ist sie fertig. 1:10 verdünnt kann sie dann zum Düngen eingesetzt werden. Oder man kann sie nun in kleinere Behälter umfüllen und verschließen.

Doch die Brennnessel kann auch zur Schädlingsabwehr eingesetzt werden. Im Kaltauszug der Brennnessel befindet sich das Nesselgift, das in den Brennhaaren sitzt. Dieses Gift enthält Ameisensäure und Histamin, dieser Naturstoff bewirkt je nach Empfindlichkeit eine Anschwellung betroffener Hautstellen; Serotonin und Acetylcholin dienen dabei als Botenstoffe und sorgen für Juckreiz, wenn man Brennnesselblätter berührt hat. Diese Eigenschaft nutze ich, um lästige Plagegeister von meinen Pflanzen zu vertreiben. Dazu gewinne ich einen Kaltauszug aus der Brennnessel. Ein Kilo Brennnesseln in zehn Litern Wasser höchstens vierundzwanzig Stunden einweichen, absieben und den Kaltauszug unverdünnt auf die Pflanzen sprühen.

Von der Bodenanalyse geht es dann zur Pflanze selbst. Da meine Augen leider nicht die besten sind, unterstütze ich diese mit einer Lupe, die sich ebenfalls in der Tasche befindet. Eine scharfe Rosenschere und ein Messer, um eventuelle Amputationen schnell durchführen zu können, sind auch darin. Fehlen darf außerdem nicht die kleine Pflanzenapotheke, wenn ich den einen oder anderen Wüterich von seinem Platz verweisen muss. Handschuhe und Desinfektionsmittel sind ein absolutes Muss, denn Krankheiten sollen keineswegs durch Messer oder Schere verbreitet werden.

Nicht in der Tasche, aber im Auto bewahre ich eine Handsprühflasche für kleine Patienten und die große Rückenspritze für die mittleren Patienten auf. Für die ganz großen Patienten kommt auch schon mal die Motorrückenspritze zum Einsatz, die aussieht, als wäre sie im Film *Ghostbusters* zum Geisterjagen eingesetzt worden. Mit ihr komme ich sogar bis in die großen Bäume.

....

KAPITEL 4

DER MÖRDER IST FAST NIE DER GÄRTNER

Auch wenn das landläufige Klischee etwas anderes besagt: Der Gärtner war nie der Mörder. Wie oft sind Gärtner vielmehr zu Alleinerben im Testament erklärt worden, da muss man gar nicht zum Mörder werden. Für Menschen, die eine innige Beziehung zu ihrem Garten entwickelt haben, ist derjenige, der sie bei der Arbeit und Schönheitspflege unterstützt, eine Vertrauensperson, manchmal sogar wichtiger als die eine oder andere Person im Umfeld. Gute Gärtner bringen einem Gartenfreund bei, mit eigenen Augen zu sehen und nicht mit denen des Nachbarn. Ist das gelungen, passiert bei vielen etwas ganz Außergewöhnliches. Der Garten wird trotz aller körperlichen Mühen, die man mit ihm hat, als Erholung erfahren, die Rasenflächen werden immer kleiner, die Staudenbeete immer größer, man sieht den Garten wie ein Bild, das man malt, nur nicht mit Farben, sondern mit den schönsten Pflanzen. Ein Garten bekommt so nach und nach einen Charakter, der dem des Besitzers interessanterweise ähnelt. Es werden Pläne geschmiedet, Pläne verworfen, immer wieder drehen sich die Gedanken um den Garten.

Beim Umgraben stößt man wie ein Archäologe auf alte Dinge, vergessenes Werkzeug von Vorbesitzern, weiße Knochen von toten Tieren, Scherben von Tellern und Krügen, die daran erinnern, dass andere in diesem Garten vielleicht Feste gefeiert haben, Hochzeiten, Geburtstage, abgefallene Räder von Spielzeugautos, Dokumente einer Zeit, als die Kinder noch klein waren und das grüne Areal mehr Spiel- oder Fußballplatz denn Garten war.

Eine Ruhezone gehört in jeden Garten

Fragen rauben einem den Schlaf: Soll man den Kirschbaum fällen? Soll man einen Teich anlegen? Aber sind die Kinder nicht noch zu klein – könnten sie nicht ins Wasser fallen und womöglich ertrinken? Man wird immer älter, ist es da nicht sinnvoll, Hochbeete anzulegen, um das leidige Bücken zu verhindern? Einen Kürbis hochzuheben, ist auch ganz schön schwer, und wegen jedes Petersilienstängels in die Knie zu gehen – muss das wirklich sein?

Man kann erkennen, was für einen Garten ein Mensch hat. Die einen legen einen üppigen Staudengarten an, die anderen einen filigranen Garten mit wenigen ausgesuchten Pflanzen, wieder andere brauchen nur einen Rasen und eine Hecke ums grüne Feld. Mancher behauptet gern, er habe einen Naturgarten, aber eigentlich liegt es nur daran, dass derjenige gerade keine Zeit hat, um Ordnung in seinen Garten zu bringen. Ordnung und Garten gehören schon zusammen, man kann einen

Garten nicht sich selbst überlassen. Aber die Menschen, die einen Garten besitzen, wollen auch, dass er sich nicht in etwas Diffuses auflöst. Wäre das der Fall, könnte der Gärtner einpacken und müsste sich umschulen lassen. Rasenkanten müssen sein, auch darf der Giersch nicht wuchern und wuchern, bis Phlox und Rosen die Nase voll haben und ihr Gedeihen einstellen. Ein Garten hat eine bestimmte Anzahl von Quadratmetern, das ist genau bemessen und abgesteckt, das hat nichts mit der Natur zu tun, in der jede Pflanze tun und lassen darf, wozu sie gerade imstande ist.

Garten ist Gefühl pur. Man freut sich über jede aufgegangene Blüte, bibbert, ob der Mohn dieses Jahr kommt, schaut verärgert auf die Pfingstrose, die weder zu Pfingsten noch danach blühen will, ist skeptisch, was die Aussaat einer neuen Bohnensorte betrifft, und erstaunt, wieso an einer Stelle eine Malve gedeiht, die man gar nicht gepflanzt hat. Und dann die Katastrophe schlechthin, wenn ein Baum ächzend zu Boden fällt, die Wurzeln liegen blank, man hört ihn geradezu jammern. Und noch mehr, wenn die Kreissäge angeworfen wird und die vermaledeite Teilung beginnt. Ohren zu, Augen zu, am besten nichts wie weg. Aber der Gärtner tröstet, sagt: «Es war notwendig, der Baum hat längst kein Obst mehr getragen, der Stamm war morsch.» Und der Gärtner schüttet die klaffende Wunde wieder zu, schüttet Erde auf, legt ein Pflaster dort drauf, wo die Verbindung von Wurzel und Erde gekappt wurde.

Als Gärtner habe ich all diese Freuden und Dramen miterlebt, als Pflanzenarzt hat sich die Nähe zu den Menschen noch intensiviert. Da Mensch und Garten wie Herr und Hund eine Einheit bilden, ist kein Besuch in seiner Länge berechenbar. Nie kann ich genau sagen, wie lange ein Termin dauert, denn wenn Gartenbesitzer und Pflanzenliebhaber mir ihr Herz ausschütten, kann ich nicht einfach in mein Auto steigen und wegfahren.

Meine Patienten, also die Pflanzen, können warten, es geht bei ihnen nicht in den nächsten Minuten um Leben oder Tod, da kommt es auf die eine oder andere Stunde nicht an. Ich habe auch kein Abrechnungssystem nach Punkten, bei dem ich etwa für eine Baumdiagnose 80 Punkte bekomme und 200 für einen Einsatz mit einem Pflanzensud.

Manchmal ist das Herz der Pflanzenbesitzer so schwer, dass ich einen Folgetermin nicht mehr schaffe und ihn absagen muss.

«Tut mir leid, ich kann erst morgen Mittag kommen.» Oder am selben Tag, aber erst am Nachmittag, je nach Vereinbarung, die ich getroffen hatte.

«Das ist sehr schade, können Sie es nicht doch noch einrichten?» Der Kunde am anderen Ende der Leitung ist betrübt, aus Erfahrung weiß ich aber, dass er nicht nur wegen der Pflanze betrübt ist, die ich mir hätte anschauen sollen, sondern weil man schon für mich gekocht hat. Oder man hat einen Kuchen gebacken. Das wird mir auch erzählt, und schon folgt die nächste Frage: «Was soll ich denn jetzt mit dem Essen machen?»

«Ich komme doch morgen. Heben Sie es auf, stellen Sie das Essen in den Kühlschrank, es schmeckt dann noch genauso gut.»

Ich bin für meine Kunden kein Handwerker, ich bin der Pflanzenfreund, der Freund der Familie. Ich werde ganz anders aufgenommen, ähnlich wie der Hausarzt oder der Tierarzt auf dem Land.

Besitzer von Pflanzen brauchen manchmal mehr Zuspruch als ihre Pflanzen. Besser gesagt, sie wollen Zuspruch. Das ist etwas anderes. Sie kommen auf mich zu, weil sie mit mir reden wollen. Und dann besteht meine Aufgabe oft darin, sie so gut wie möglich zu lenken, damit sie es am Ende richtig machen, richtig im Sinne der Pflanzen. Viele Pflanzenfreunde haben eine bestimmte Vorstellung davon, was in ihrem Garten wachsen und gedeihen soll, und wenn ihre Vorstellungen nicht mit der Realität korrespondieren, muss ich sie von ihren Wünschen abbringen. Und das ist nicht immer einfach.

Beliebt bei vielen ist beispielsweise der Japanische Schlitzahorn (*Acer palmatum*), er ist aber auch ein beeindruckender und farbenprächtiger Baum. Ein Kunde von mir, Thomas Holthusen, war nicht davon abzubringen, ein solches Seifenbaumgewächs anzupflanzen; der Vierzigjährige, von Beruf Zahntechniker, war völlig verzaubert von den tollen Blättern, hin und weg. Dabei hat sein Garten einen schlechten Boden, einen Mergelboden, der aus einem Gemisch von Ton, Kalk und Sand besteht und nicht für empfindsame Pflanzen geeignet ist, zumal ein hoher Grundwasserspiegel vorliegt. Ich redete mir den Mund fusselig, um ihn umzustimmen. Ohne jeden Erfolg, keines meiner Argumente fruchtete. Er sagte zwar: «Ich hab verstanden, was Sie mir erklärt haben», aber kaum war ich weg, fuhr er zu einer Baumschule und kaufte sich dort seinen heißgeliebten Ahorn. In Baumschulen möchte man verständlicherweise verkaufen, weshalb man dem Käufer nicht immer zu verstehen gibt, dass das eine oder andere Gewächs auf einem bestimmten Boden keine Chance hat (obwohl es immer wieder Ausnahmen gibt). Und so brachte auch Thomas Holthusen seinen Japanischen Ahorn freudestrahlend nach Hause, pflanzte ihn ein, sicher mit dem Gedanken: Dem Wadas werde ich es zeigen! Im ersten Jahr sah auch noch alles gut aus, aber im zweiten erhielt ich im Frühjahr einen Anruf:

«Können Sie nicht mal vorbeikommen? Irgendetwas stimmt da nicht.»

Ich ahnte schon, um was es sich handelte, konnte aber dennoch nicht meinen Mund halten: «Was stimmt nicht? Können Sie das genauer sagen?»

«Na ja ...» Thomas Holthusen wand sich ein wenig, bevor er

**Japanischer Goldahorn
(Acer Shirawasanum Aureum)**

zugab: «Meinem Japanischen Ahorn scheint es nicht so prächtig zu gehen.»

Ich verkniff mir jeglichen Kommentar und machte mich auf den Weg.

Als ich mir den Patienten ansah, ich musste ihn nicht einmal eingehender untersuchen, konnte ich nur eines bemerken: «Was haben Sie denn mit dem gemacht? Das sieht ja arg aus.»

«Ich weiß, ich habe nicht auf Sie gehört!» Mein Gegenüber, die Hände über der Brust verschränkt, die von einer dicken blauen Strickjacke geschützt wurde, war wirklich zerknirscht. «Ich weiß, gegen Ihren Rat habe ich einen Ahorn gepflanzt. Kann man denn gar nichts machen, um ihn noch zu retten?»

«Nichts», erklärte ich. «Gar nichts.» Es war das Todesurteil, aber es gab keine andere Diagnose. Viele Pflanzen können überall wachsen, man kann auch unterstützend eingreifen, aber manchmal ist das Einpflanzen in einen falschen Boden der Garant dafür, dass ein Baum sterben wird. Da kommt nicht nur jede Hilfe zu spät, es hätte erst gar keine gegeben.

Manche Pflanzenfreunde können sogar zu richtigen «Sorgenkindern» werden. Sie sind der Meinung, sie könnten es besser als ein Pflanzenarzt. Hinterher darf ich dann den Karren aus dem Dreck ziehen. Thomas Holthusen war wirklich zerknirscht, aber viele Leute erinnern sich in solchen Momenten der Wahrheit gar nicht mehr daran, dass ich Ihnen zuvor etwas Gegenteiliges empfohlen hatte. Wütend auf mich, wie ich es anfangs befürchtet hatte, sind sie aber auch nicht, sie könnten sich ja auch sagen, den Wadas rufe ich nicht mehr an, aber das tun sie nicht. Sie machen einfach das, was sie gerade denken. Und wenn sie einen Notruf an mich senden, denken sie eben gerade: Meine Pflanze braucht Hilfe, und die will ich ihr auch geben.

Es gibt aber auch Menschen, die meinen Rat niemals in Zweifel ziehen würden, das erlebe ich insbesondere bei mütterlichen, älteren Frauen, bei ihnen ist das, wozu ich rate, Gesetz. Dann gibt es Paare, bei denen die Frau mir konzentriert zuhört, der Mann aber erklärt: «Das ist alles Quatsch! Das ist viel zu umständlich! Das muss auch so gehen.» Oder: «Was willst du denn mit einem Pflanzenarzt? Kostet nur Geld!» Das äußern häufig Männer, die ungern zum Arzt gehen. Der erste Kontakt geht meinen Erfahrungen nach zu 70 Prozent von der Frau aus; habe ich aber im Nachhinein doch noch den Mann auf meine Seite gebracht, ruft sie nicht mehr an, sondern nur noch er. Und dann gibt es die Kunden, die alles wissen und nur herausfinden wollen, ob ich genauso viel weiß wie sie. Die mich testen wollen. Oder die nicht viel über die Natur wissen.

Der Japanische Ahorn ist immer wieder Thema, so auch bei Wolf-Dieter Engel. Eines Tages bekam ich einen Anruf von ihm, aufgelöst erzählte er: «Ich habe mir vor zwei Jahren einen Japanischen Ahorn gekauft, der hat 500 Euro gekostet, und jetzt verliert er seine Blätter. Es ist ein Elend, das anzusehen.»

«Haben Sie schon mal auf den Kalender geguckt?», fragte ich nach. «Es ist der 15. Oktober. Da darf ein Ahorn Blätter verlieren.»

«Aber im vergangenen Jahr hat er um diese Zeit keine Blätter verloren.»

«Ein Blattfall kann zu unterschiedlichen Terminen im Herbst beginnen», beruhigte ich. «Das ist wetterabhängig. Bei einem goldenen Herbst mit viel Sonne nutzen die Pflanzen das Bad im warmen Licht genauso gerne wie wir Menschen und genießen jeden schönen Tag. Ist der Herbst jedoch kühl und regnerisch, brauchen die Pflanzen ihre Blätter nicht mehr und werfen sie dann früher ab. Ein Baum ist keine Maschine. Manchmal ist für einen Baum schon im August Herbst, jedenfalls dann, wenn der Sommer sehr heiß war und wochenlang kein Tropfen vom Himmel gefallen ist. Er regelt es für sich, wann er auf Sparflamme geht und seine Blätter rieseln lässt. Machen Sie sich lieber Gedanken, wenn er keine Blätter verliert.»

Solche Anrufe sind schon erstaunlich, aber auch verständlich. Wolf-Dieter Engel hatte Angst um seinen Baum gehabt. Er hatte gesehen, dass andere Ahornbäume noch Blätter hatten, nur seiner eben nicht. Ein Pflanzenarzt kann dann beruhigen: «Die Blätter Ihres Ahorns kommen im Frühjahr wieder.»

....

KAPITEL 5

DAS GARTENJAHR BEGINNT MIT DEM AUGAPFEL RASEN

Das Jahr fängt für die meisten Gartenbesitzer an, wenn die ersten Sonnenstrahlen sich so richtig warm anfühlen, wenn der Frühling den Winter zu verdrängen beginnt, das kann im März, das kann im April sein. Dann werden sie unruhig, dann gucken sie raus in ihren Garten, und das Erste, was sie sehen, ist der Rasen. Der Rasen ist die liebste Gartenpflanze, Wimbledon-reif sollte er am besten sein, sich ohne Mauslöcher, Moos oder Maulwurfshügel präsentieren. Da darf kein Halm herausgucken, Gleichmaß ist oberstes Gebot. Kein Unkraut darf darin hausen, der Rasen muss einfach perfekt sein. Gerade Frauen haben, wenn sie ein Rasenfreak sind, ein strenges Auge. Selbst rasenaffine Männer, so meine Erfahrung, sind in dieser Hinsicht kulanter. Nur: Männer haben den Rasen in Ordnung zu halten, sie haben dafür zu sorgen, dass alles stimmt. Der Blick auf den Rasen ist Frauensache, das Mähen und Vertikutieren Männersache.

Für die Männer ist es nur nicht immer leicht, die Wünsche ihrer Frauen zu erfüllen. Diese brechen nämlich gern einen Streit vom Zaun, weil ihre Männer es nie schaffen, es ihnen recht zu machen: «Wieso hast du das nicht so hinbekommen, wie ich mir den Rasen vorgestellt habe? Ich habe dir doch gesagt, dass du so und so vorgehen sollst! Warum ignorierst du immer meine Anweisungen?» Die Männer wehren sich: «Ich habe deine Anweisungen befolgt, ich habe es genau so getan, wie du es gewollt hast. Es ist nicht meine Schuld, dass dir das Ergebnis nicht gefällt.» In der einen oder anderen Weise geht es eine Weile hin und her, bis es dem männlichen Part reicht und ich ins Spiel komme. Weil der Mann recht haben will, ruft er mich an, vorher muss sich seine Frau noch anhören: «Der Pflanzenarzt kann dir dann sagen, ob ich etwas falsch gemacht habe. Und ich bin mir sicher, dass er meiner Meinung sein wird.»

Zur Ehrenrettung des Mannes: Tatsächlich hat er in vielen Fällen richtig gehandelt. Anders gesagt: Er ist häufig von seiner Frau nicht korrekt angeleitet worden, auch wenn sie da anderer Ansicht ist. Vielfach hat der Mann den Rasen nämlich zu früh bearbeitet. Sobald es spürbar wärmer wird, fordert die Gartenbesitzerin ihren Partner auf: «Die Sonne scheint, der Boden ist einigermaßen trocken, schnapp dir einen Vertikutierer und fang an, den Rasen vom Moos zu befreien!»

Der Mann will nicht widersprechen, tut, was man ihm aufgetragen hat, es ist ja auch herrlich, endlich mal wieder an der frischen Luft zu arbeiten und sich körperlich zu betätigen. Doch er weiß, dass er seine Bestätigung erst bekommt, wenn er riesige Berge zusammengeharkt hat, ein kleines grünes Häuflein in der Ecke ruft nur ein Stirnrunzeln hervor. Die Herrin über den Rasen ist dann unglücklich und gibt die schon bekannten Worte von sich: «Du hast nicht richtig gearbeitet!» Was aber nicht stimmt, er hat meist das Richtige getan.

Frauen, aber nicht nur sie, verwechseln den Vertikutierer mit einer Fräse, da wird der Rasen nicht vertikutiert, sondern vergewaltigt. Ist man im Frühjahr derart martialisch vorgegangen, kann der Rasen nicht richtig wachsen, es dauert Wochen, manchmal sogar Monate, bis er wieder dicht wird. Er sieht dann aus, als würde er unter einem (kreisrunden) Haarausfall leiden. Und ähnlich wie bei diesem kann man bestimmte Mittel einsetzen, damit er sich erholt und wieder wachsen kann. Erst wenn man das getan hat, sollte man ihn vertikutieren.

Doch der Fehler ist und bleibt, dass zu früh damit begonnen wurde, Moos und Rasenfilz zu beseitigen.

Man wünscht sich einen schönen Garten, dieser Wunsch ist verständlich, aber dichter und strapazierfähiger wird der Rasen nur dann, wenn Sie Ihr Fingerkribbeln unter Kontrolle halten. Fangen Sie also nicht an, Unkrautwuchs zu beseitigen, wenn der Nachbar dabei ist, den Moospolstern bei den ersten Sonnenstrahlen auf den Leib zu rücken – oder wenn Ihre Frau Sie bedrängt. Rasenkämpfe interessieren Sie nicht, denn wie die Kopfhaut individuell ist, so ist es auch jeder Rasen. Das Pflegeprogramm zum Saisonstart beginnt bei Ihnen mit der Frühjahrsdüngung. Im Hausgarten kann man sich an Narzissen orientieren. Stehen die Zwiebelblumen in voller Blüte, kann der Rasen die zugeführten Nährstoffe perfekt verwerten. Warten Sie dann noch zwei Wochen ab, dann dürfen Sie vertikutieren.

Hätte ich das Moos, das ich im Rasen habe, in meiner Tasche, wäre alles gut. Meist hat man das Moos in ausreichender Menge aber nur im Rasen. Bei diesem Problem zu Kalk zu greifen, wie es so viele Gartenbesitzer tun, ist allerdings nicht unbedingt hilfreich. Die Moosarten, die gern in unserem Rasen wachsen, lieben es nämlich geradezu, wenn sie eine Portion Kalk bekommen. Sie breiten sich dann eben nur noch mehr aus. Die Ursache für zu viel Moos im Zierrasen liegt meist an der falschen oder geringen Nährstoffversorgung.

Moos wächst noch bei 5 Grad Celsius, Rasen nicht mehr. Wir hatten in den letzten Jahren ja keinen richtigen Winter mehr, und so konnte das Moos wachsen und wachsen, der Rasen jedoch nicht. Mit der Folge, dass das Moos den Rasen verdrängt hat. Dagegen möchte man etwas unternehmen, doch was? Sorgen Sie dafür, dass der Rasen dicht bleibt. In der Natur gibt es keine kahlen Lücken, für jede Lücke gibt es etwas Passendes, das richtige Pflänzchen. Mache ich nichts mit meinem

So wollen wir keinen Rasen

Rasen, habe ich auf ihm die natürliche Artenvielfalt, einen bunten Rasen. Doch wenn ich das nicht will, muss ich düngen.

Die Süßgräser, die sich über Tausende von Jahren entwickelt haben, wurden stets abgefressen. Ein Weidetier auf einer Wiese frisst und frisst ohne Unterlass. Und was macht es, wenn es permanent frisst? Es kackt. Und mit den Ausscheidungen hat das Tier das Gras gedüngt. Was machen wir? Wir mähen, wir bringen die Mährückstände weg – düngen tun wir aber nicht. Mit dem Ergebnis, dass die Gräser ausfallen. Erneuter Haarausfall. Schon wird der Rasen abermals lichter und lichter.

Den perfekten Golfrasen, den englischen Rasen erhalten Sie also nicht, wenn Sie drei- bis fünfmal im Jahr nichts weiter tun als vertikutieren. Sie können noch so oft in die Knie gehen und mit der Nagelschere die Ränder beschneiden, der Rasen wird nicht schön, wenn Sie zu geizig sind, ein bisschen Rasendünger zu kaufen.

Ganz viele Kunden rufen mich Jahr für Jahr an: «Ich arbeite mich halbtot für meinen Rasen, dennoch kriege ich ihn nicht sattgrün, nicht dicht. Prächtig sieht anders aus. Was kann ich bloß machen, damit er so richtig frisch und vital daherkommt?»

Ich stelle in diesen Fällen nur eine einzige Frage: «Haben Sie gedüngt?»

Die Antwort lautet stets gleich, und zwar: «Nö.»

Einen guten Rasen kann man käuflich erwerben, wenn man für Nährstoffe ein bisschen Geld ausgibt.

Moos hat auch keine Chance, wenn man von Anfang an – oder wenn durch entstandene Lücken nachgesät werden muss – auf einen Qualitätsrasen setzt. Der Grundstein für einen schönen Rasen wird also schon bei der Aus- oder Nachsaat gelegt. Steht man vor einem Regal mit Rasensamen, sticht häufig eine Packung mit der Aufschrift «Berliner Tiergarten» ins Auge. Das klingt gut, was soll man da schon verkehrt machen? Viele waren mal im Berliner Tiergarten oder haben Bilder davon im Fernsehen gesehen. Sah eigentlich ganz prima aus, und mit diesem Gedanken ist die Mischung gekauft. Sie werden den Erwerb aber später bereuen, genauso gut könnten Sie irgendwo im Park etwas zusammenfegen, was wie eine Rasensaat aussieht, aber letztlich haben Sie nichts Hochwertiges. Mischungen wie «Berliner Tiergarten» oder «Fürst Pückler» sind nicht geschützt, ihre Bezeichnungen sagen nichts über deren Qualität aus. Auch Hinweise wie «strapazierfähig», «besonders trittfest» oder «pflegeleicht» geben keine aufschlussreichen Hinweise, da in Deutschland jeder beliebige Grassamen als Rasensaatgut verkauft werden darf.

Einen Qualitätsrasen erkennen Sie, indem Sie auf der Packung auf die Aussaatmenge achten. Steht auf ihr «20 Gramm pro Quadratmeter», kann ich sicher sein, dass es sich hierbei um einen guten Rasen handelt. Low-Budget-Rasensamen sind

Wir haben den Rasen schön

durch Angaben wie «40 Gramm pro Quadratmeter» oder sogar bis zu 60 Gramm zu entlarven, denn je größer die Saatspelzen sind, umso schlechter wird der Rasen. Klar, «Berliner Tiergarten» beeindruckt nicht nur durch den Namen, auch durch den günstigeren Preis. Aber bei diesem Rasen habe ich ungefähr 20 000 Halme pro Quadratmeter, während ich bei einer guten Saat im Endeffekt mit 100 000 Halmen pro Quadratmeter aufwarten kann. Da hat Moos keine Chance. Und das, was so günstig erschien, kann im Nachhinein teurer werden, spätestens dann, wenn Sie ständig nachsäen müssen. Ein weiteres Qualitätskriterium ist, dass in der Saat die drei wichtigsten Grasarten wie Deutsches Weidelgras (*Lolium perenne*), Rotschwingel (*Festuca rubra*) und Wiesenrispe (*Poa pratensis*) enthalten sein sollten.

Das A und O eines schönen Rasens: Wenn ich ihn massakriere, darf ich nicht davon ausgehen, dass er sich wieder erholt. Also immer ein bisschen Saat nachwerfen.

Es gibt auch diese Anrufer: «Ich habe alles so gemacht, wie

Sie es mir gesagt haben, ich habe nach dem Säen einen hochwertigen Dünger genommen, dennoch sieht der Rasen nicht wie ein Rasen aus.»

«Schicken Sie mir doch mal übers Handy ein Foto von Ihrer Grünfläche», sage ich dann.

Ist das passiert, kann ich häufig sehen: Die Gartenbesitzer haben den Dünger mit den Händen nach Belieben ausgestreut, und der Rasen schaut aus wie eines der abstrakten Bilder von Picasso. Ich kann jeden einzelnen Wurf nachverfolgen, da er sich auf der Rasenfläche nur zu deutlich abzeichnet. Manche haben ein Händchen für richtig tolle Muster.

Rasendünger sollte immer mit einem Streuwagen ausgebracht werden. Dieser lässt sich genau einstellen und verteilt den Dünger auf das Gramm genau auf die Rasenfläche. Auf der Düngerpackung steht meist auch, auf welche Stufe der Streuwagen eingestellt werden sollte.

Eines Tages rief mich ein Kunde mit einem besonderen Rasenproblem an: «Sie müssen unbedingt vorbeikommen, Herr Wadas, im letzten Jahr habe ich im Herbst einen Rollrasen gekauft und ausgelegt. Das hat mich eine Stange Geld gekostet, doch den Rasen kann ich vergessen. Den Baumarkt, wo ich ihn herhabe, möchte ich verklagen, Sie müssen mir dabei helfen. Ich brauche ein Gutachten darüber, was für eine schlechte Qualität man mir da angedreht hat.»

Ich fuhr zu Philipp Lauber hin, um mir seinen Rasen anzusehen. Ich benötigte nicht lange, um eine Diagnose zu stellen. Der ganze Rasen war kaputt, komplett braungelb. Schneeschimmel, wohin ich auch nur blickte, eine Pilzinfektion. Die Sporen des Schneeschimmels fliegen zwar überall herum, aber wie die meisten Krankheitserreger können sie einen Befall nur unter bestimmten Bedingungen fördern.

«Was haben Sie denn gemacht?», fragte ich.

«Ich habe die Anleitung genauestens befolgt», erklärte Herr Lauber empört, ein stämmiger Mittfünfziger mit sich ausweitender Glatze, der stolz auf seinen neuen Rasen sein wollte, was ihm aber verwehrt geblieben war. «Ich habe gefräst, gewalzt, dann den Rasen ausgelegt und anschließend gut gedüngt.»

«Und womit haben Sie gedüngt?»

«Ich habe hervorragenden Blaudünger genommen.»

«Etwa den Blaudünger aus dem Baumarkt?»

«Genau.» Philipp Lauber sah mich an, als hätte er gerade eine Eins erhalten.

«Blaudünger versorgt den Rasen aber mit unheimlich viel Stickstoff. Und wenn es dann in den Winter geht und es schneit und kein Licht drankommt, wenn alles feucht-kühl ist, fängt der Rasen an zu faulen. Der Blaudünger wirkt dann wie Gift.»

«Dann waren die 2000 Euro, die ich für den Rasen ausgegeben habe, für die Katz?» Herr Lauber raufte sich die Haare.

«So kann man es sagen», erklärte ich mitfühlend.

«Da kann ich die ganze Chose nur noch vertikutieren?»

«Ja, Sie können nichts anderes machen. Haben Sie das getan, kaufen Sie beste Rasensaat, um nachzusäen.»

Einige Wochen später hatte ich in der Nähe von Herrn Lauber zu tun. Ich klingelte an der Haustür, und der Zufall wollte es, dass er zu Hause war.

«Na, wie sieht Ihr Rasen aus?», fragte ich.

«Kommen Sie mit, ich zeige es Ihnen», sagte er und führte mich in den hinteren Garten.

Der Rasen war perfekt. «So hatten Sie sich Ihren Rasen bestimmt vorgestellt, oder?»

Philipp Lauber nickte. «Zum Glück hat er sich wieder erholt. Aber im Grunde ärgere ich mich doppelt, denn mit der Rasensaat sieht er hervorragend aus. Den Rollrasen hätte ich mir sparen können, das war eine teure Investition.»

Einen Rollrasen verlegen zu lassen, kostet ungefähr 10 Euro pro Quadratmeter, mit der Rasensaat hatte es meinen Kunden nicht mehr als 50 Cent pro Quadratmeter gekostet. Und das zudem noch ohne optische Einbuße.

Ein Problem, mit dem jeder Rasenfan früher oder später konfrontiert wird, ist der Maulwurf, der Herr Grabowski, dem der Zeichner und Kinderbuchautor Luis Murschetz ein Denkmal gesetzt hat. Weil es nur noch wenige idyllische Wiesen gibt, die immer weiter reduziert werden, weil unsere Städte expandieren, muss der arme Vertriebene in die Hausgärten einziehen. Mit seinen großen Grabekrallen kommt er von unten und schmeißt alles so wunderbar zu kleinen Erdwällen hoch, wie ein kleiner Bagger. Schwerstarbeit verrichtet er, er denkt sich ein komplexes Tunnelsystem aus, baut sich in diese weit verzweigte Unterwelt die eine oder andere Schlafhöhle hinein und polstert sie aus. Und arbeitsscheu ist er auch nicht; wenn er mal hartnäckig und voller Tatendrang loslegt, dann ist schnell der eine oder andere Hügel aufgeworfen. Man kann Hochachtung vor ihm und seinen Bauwerken haben – wenn es nicht den eigenen Rasen betrifft. Dann findet man ihn, sein weiches Fell und die hellrosa Nase auch ganz niedlich. Hat er sich aber nicht das nachbarliche Grün als neue Stätte ausgesucht, sondern die mühsam gepflegte heimische Rasenfläche, kann es einem den Schlaf rauben. Wie viele frische Hügel werde ich am Morgen finden? Befindet sich Herr Grabowski gerade in einem Wühlrausch, kann er einen Rasen im Nullkommanichts in eine Kraterlandschaft umgestalten.

Häufig will man von mir wissen: «Kann man denn gar nichts gegen den Maulwurf machen? Ich weiß, er ist sehr nützlich, er frisst Schädlinge, Würmer, Schnecken, Insekten, aber dennoch möchte ich ihn nicht in meinem Garten haben. Wie kann ich ihn vertreiben?» Einige sind so angesäuert, dass sie ihn am liebsten «vergiften» würden, sie halten sich aber zurück, weil ihnen bekannt ist, dass der Maulwurf unter Naturschutz steht. Er darf nicht einmal lebend gefangen werden, um ihn dann in freier Wildbahn auszusetzen.

Es irritiert mich schon ein wenig, dass manche Leute viel Geld für einen Rollrasen ausgeben, aber nicht daran denken, dass es für diesen ein Maulwurfgitter gibt, eine Sperre, sodass Herr Grabowski erst gar nicht auf die Idee kommen kann, hier zu buddeln. Dieses Gitter wird direkt unter den Rollrasen ausgelegt, da kommt kein Maulwurf mehr durch, der kann nur nach rechts oder links gehen, also in die Beete, wo die Blumen sind, aber damit kann man leben. Ein derartiges Gitter kann man sich übrigens auch unter einen ganz normalen Rasen einsetzen lassen.

Ja, was kann man machen, um ihn loszuwerden? Ein Maulwurf kann nicht gut sehen, aber er riecht hervorragend. Letzteres trifft auch auf Wühlmäuse zu, die gern mit ihren gebuddelten Erdhügeln in Konkurrenz zu Maulwürfen treten wollen. Sie schaffen aber nicht die Höhe, zudem befindet sich ihr Loch nicht direkt unter dem Haufen, sondern seitlich versetzt – das als Unterscheidungsmerkmal. Eine Abwanderung erreicht man nun bei diesen geruchsempfindlichen Tieren zum Beispiel, indem man zu Aldi geht und Aldis Rache kauft. Kennen Sie nicht? Gibt es auch nicht. Aber in jedem Supermarkt können Sie den billigsten Schnaps erwerben, den es dort gibt. Ob Korn oder was für einen Fusel auch immer, Alkohol muss es in jedem Fall sein. Von diesem Zeug kippen Sie jeweils ein Schnapsglas voll in die Löcher. Der Alkohol riecht für den Maulwurf bestialisch, und das mag er überhaupt nicht in seiner Bude, und so verzieht er sich freiwillig von Ihrem Grün.

Beachten Sie dabei, dass Sie ihn nicht vollkommen einkreisen. Alkoholisieren Sie jedes Loch, kauert er am Ende irgendwo in der Mitte seines Tunnelsystems. Sie müssen ihm bei Ihrer Vergrämung eine Fluchtmöglichkeit lassen, meinetwegen zu den Nachbarn, aber er muss eine Chance haben abzuhauen.

Es gibt Ultraschallstäbe, die sind gut für den Umsatz, aber mehr auch nicht. Man hat sie bei Experimenten mit Wühlmäusen eingesetzt, dabei hatte sich gezeigt, dass sie sogar unmittelbar unter den Stäben ihr Nest hatten. Eher sollten Sie zu etwas aus Ihrer Kindheit greifen, zu Buttersäure, auch bekannt als Stinkbomben. Den Geruch von faulen Eiern finden Maulwürfe ebenfalls ihrer nicht würdig, sie fliehen aus ihrer eigenen Wohnung (das würden Sie auch tun, aber weil er ja nur im Garten ist, können Sie für einige Zeit im Haus bleiben, bis sich der unliebsame Duft in alle Richtungen verzogen hat).

Maulwürfe und Wühlmäuse verabscheuen es weiterhin, wenn es in ihr formidables Zuhause hineinregnet. Vielfach existiert die Annahme, dass es nach einem harten Winter weniger Mäuse gibt. Das stimmt aber überhaupt nicht. Denn ist der Winter lang und hart, buddeln sie sich einfach ein bisschen tiefer ein, dort ist es dann wieder kuschelig warm. Kälte macht ihnen nichts aus, jedoch Feuchtigkeit. Wenn's bei ihnen reinregnet, wenn man ihre Hütten unter Wasser setzt, dann reicht's ihnen. Ein feuchter Winter ist sowohl für Wühlmäuse als auch für Maulwürfe Gift.

Zum Thema Rasen sind übrigens therapeutische Sitzungen nicht ausgeschlossen, man kann dazu einen Kreis bilden, und jeder kann dann erzählen, was ihn belastet. Scheuen Sie sich nicht, in Ihrer Nachbarschaft einen solchen zu initiieren – nur besser ohne Aldis Rache.

KAPITEL 6

HECKEN UND BÄUME –
WILLKOMMEN IM DSCHUNGEL

Hat man sich am Rasen abgearbeitet und schaut nicht nur nach unten, hebt sich der Blick weiter nach oben. Manchmal fällt dieser wohlwollend aus, hin und wieder verdüstert er sich aber, etwa in Jahren wie 2016, wo es noch einen späten Frost gab und viele Bäume und Sträucher einen Frostschaden bekommen haben. Da klingelt bei mir das Telefon Sturm.

«Mein Walnussbaum ist total schwarz, Herr Wadas, Sie müssen mit der Kettensäge kommen und den Baum umhauen. Mein schöner Walnussbaum, ich bin am Boden zerstört.»

«Beruhigen Sie sich, er wird wieder.»

«Haben Sie etwa keine Lust zu kommen?» Ein kritischer Unterton ist nicht zu überhören.

«Ganz und gar nicht, aber in zwei Wochen werden Sie sehen, dass sich Ihr Baum wieder erholt hat.»

Zwei Wochen später erfolgt der Anruf, den ich erwartet habe: «Sie hatten recht, der Baum hat wieder ausgeschlagen, sieht alles prima aus.»

«Seien Sie aber nicht enttäuscht, wenn es dieses Jahr keine Früchte gibt, die werden ausbleiben, weil die Blüte kaputtgegangen ist.»

«Hauptsache, der Baum muss nicht gefällt werden.»

Gute Einstellung.

Helmut Müller hatte ein anderes Problem mit seinem Walnussbaum (*Juglans regia*), und tatsächlich hat man mit diesen Bäumen im Hausgarten häufiger Maleschen. Herr Müller

Bakterien-Triebfäule, Fliederseuche –
Pseudomonas syringae

schrieb mir: «Seit Jahren ernte ich Walnüsse, die nicht essbar sind. Die grüne Frucht zeigt außen große schwarze Stellen, und diese schwarze Schale löst sich auch nicht von der Nuss. Die Nüsse selbst sind innen verdorben. Ich habe irgendwo gelesen, die Walnussfruchtfliege soll einen solchen Schaden anrichten. Können Sie mir einen Tipp zur Verbesserung der Situation geben? Mit gärtnerischem Gruß.»

«Hallo, Herr Müller», antwortete ich auf seine E-Mail, «nach Ihrer Beschreibung vermute ich mal, dass Ihr Walnussbaum nicht unter der Walnussfruchtfliege leidet, sondern an einem Bakterienbrand, einer Krankheit, die bei diesem Baum leider sehr häufig vorkommt.»

Eine schwarze Verfärbung der Walnussschale deutet vielfach auf einen Befall durch den Erreger des Bakterienbrands (*Xanthomonas juglandis*) hin, ein ziemlich übler Genosse. Anfangs zeigt er sich als braunschwarze, punktförmige Flecken auf jungen Trieben, auf den Blättern oder auch auf der Schale der Früchte. Charakteristisch ist ein gelber Rand, der die schwarzen

Flecken umgibt. In kurzer Zeit vergrößern sie sich, sodass die Flecken ineinander übergehen und sich zu einer schwarzen Fläche entwickeln. Ein Flächenbrand breitet sich aus, der dann auf die Nüsse übergeht. Diese Krankheit einzudämmen, ist kaum möglich, die Erreger sitzen teilweise in den Knospen und finden es äußerst gemütlich, auf dem Baum zu überwintern. Unbedingt ist hier das Blattwerk im Herbst zu vernichten.

Ähnliche schwarze Spuren hinterlässt an Walnussbäumen die Marssonina-Krankheit, die von einem pilzlichen Erreger (*Gnomonia leptostyla*) ausgeht. Deshalb sind die beiden Krankheitsbilder auch nur schwer zu unterscheiden, wobei von der Marssonina-Krankheit einzig ältere Bäume befallen werden, sie ist letztlich das kleinere Übel. Hierbei werden die Blätter ähnlich schwarz und fallen frühzeitig ab, auch die Nüsse lassen sich nicht von der Schale lösen, weil diese frühzeitig schwarz-lederig wird und nicht mehr von der Nuss abplatzen kann. Bei der Marssonina-Krankheit ist es aber so, dass sie nicht in die Nuss geht, weshalb ich sie nach der Beschreibung von Helmut Müller ausschließen konnte. Heilbar ist diese Pilzkrankheit ebenso wenig wie der Bakterienbrand, die Erreger können in beiden Fällen nicht getötet werden.

Wird es langsam wärmer, kommt das eine oder andere Heckenproblem hinzu. Eine Geschichte hatte mich sehr amüsiert, sie war wie bei Frau Krüger mit einer längeren Tour verbunden, dieses Mal ging es in die Lüneburger Heide.

«Meine Kirschlorbeerhecke wird auf einmal ganz braun. Es ist zum Verzweifeln.» Bodo Petersen klang, als könnte er selbst kaum glauben, dass sein immergrüner Kirschlorbeer (*Prunus laurocerasus*) die Farbe wechselte.

«Schicken Sie mir doch erst mal ein Foto von Ihrer Hecke», bat ich Herrn Petersen.

«Nee, das will ich nicht. Ich hatte schon so viele Gärtner hier, die wussten alle nicht, was das Problem ist, ich brauche Sie vor Ort.»

«Es sind über 250 Kilometer», gab ich zu bedenken.

«Mir ist schon klar, dass Sie einen Kilometerpreis verlangen, ich bin Handwerker und nicht von gestern.»

Bodo Petersen war ein Gas- und Wasserinstallateur, der sein ganzes Geld in den Garten und ein Bauernhaus gesteckt hatte, das von ihm modern umgebaut worden war. Er selbst machte eine ausladende Handbewegung über das Gelände, als handelte es sich hier um einen preisgekrönten Landschaftsgarten. Dabei war der Garten eher schlicht, Mittelpunkt war jedoch ein großer Swimmingpool mit einem gepflegten grünen Rasen ringsum, als Sichtschutz diente die Kirschlorbeerhecke. Mehr war da

Salzschaden am Kirschlorbeer
(Prunus laurocerasus ‹Rotundifolia›)

eigentlich nicht, hin und wieder konnte ich eine Rose erkennen, mehr zu Dekozwecken angepflanzt, als einen Rosenliebhaber schätzte ich Herrn Petersen nicht ein. Der Mann war ein typischer Handwerker, nicht sehr groß, man sah ihm an, dass ihm das Bier ausgezeichnet schmeckte. Ich konnte ihn mir gut an seinem Pool vorstellen, Oberkörper gebräunt, wie er sich von seiner Arbeit im Garten erholt, mit seinem Bäuchlein einige Bahnen zieht und sich hinterher das eine oder andere Glas einschenkt. Wer wollte dabei schon beobachtet werden? Diese Gefahr bestand aber, wenn die Hecke einging.

Was war denn das? Von dem riesigen Pool ging ein Schlauch direkt in die Hecke. «Oh nein!» Ich schlug die Hände über dem Kopf zusammen, sah schon meine Umsätze schwimmen, denn wenn ich jetzt aussprach, was ich dachte, konnte ich gleich wieder nach Hause fahren.

Bodo Petersen sah mich entrüstet an: «Was glauben Sie denn, ich bin doch nicht doof, das ist kein Chlorwasser, was ich da in dem Pool habe.»

«Aber wenn es kein Chlorwasser ist, dann ist es normales Wasser?», fragte ich.

«Nix da. Das ist Salzwasser. Ganz neu. So habe ich das Gefühl, als würde ich in der Karibik schwimmen.» Mein Gegenüber zwinkerte mir zu.

Ich stöhnte auf. «Das kann doch nicht wahr sein. Wenn ich auf dem Meer am Verdursten bin und Salzwasser trinke, bin ich ziemlich schnell tot. Und bei den Pflanzen ist das nicht anders. Sie haben hier Heideboden, der ist sandig, ziemlich durchlässig und dazu noch nährstoffarm. Wenn man in diesen ständig Salzwasser hineingibt, ist der Boden rasch versalzen.»

Bodo Petersens Miene verdüsterte sich schlagartig. «Das habe ich nicht gewusst. Was muss ich denn tun, um meine Hecke zu retten? Ist sie überhaupt noch zu retten?»

Gute Frage. Ich erklärte, dass er den Boden seiner Hecke ausschwemmen müsse. «Und wenn Sie Glück haben, wird sie wieder grün.» Mehr konnte ich auch nicht raten. «Und normales Wasser für den Pool verwenden», fügte ich noch augenzwinkernd hinzu. Ich wusste ja, dass das nicht so einfach ist. Schnell wird das Badevergnügen zur Algenkur.

Die Hecke erholte sich, und Herr Petersen war sehr zufrieden. Der Kirschlorbeer ist nicht so robust, wie oft behauptet wird, er kann auch sehr empfindlich reagieren, etwa bei Frost. Und bei einem Salzüberschuss reagiert jede Pflanze.

Der Elefantenfuß von Frau Krüger und der Kaffeestrauch von Frau Günther gingen mir lange nicht aus dem Kopf. Nur wenig später erlebte ich eine weitere Geschichte, die mich berührte, die in all ihrer Traurigkeit aber auch gewisse komische Züge hatte. Ein Freund von mir arbeitet in der Gartenabteilung eines Baumarkts. «Ich habe gerade eine Kundin gehabt», erzählte er mir, als ich ihn auf seinem Arbeitsplatz besuchte, «die kann nachts kaum schlafen, weil sie große Probleme in ihrem Garten und in ihrem Haus hat. Ich habe ihr gesagt, dass du dich mal mit ihr in Verbindung setzt, ich glaube, dass es dringend ist. Machst du das?»

Noch am selben Tag rief ich Christine Meiners an, die nicht weit von mir entfernt wohnte.

«Ich habe gehört, dass Sie Schwierigkeiten im Garten und wohl auch im Haus haben», meldete ich mich, nachdem ich mich vorgestellt hatte.

«Ich träume von Jumanji», sagte Frau Meiners mit matter Stimme.

«Jumanji?» Im ersten Moment musste ich lachen. Jumanji ist ein Fantasyfilm, in dem ein Jugendlicher, Alan, von einem Würfelspiel mit ganz eigenen Regeln in einen Dschungel hineingezogen wird, aus dem er dann nicht mehr allein herausfindet. Die Mitspieler versuchen, das Spiel zu Ende zu spielen, um Alan aus dem wilden Dschungel, in dem er viele Abenteuer zu bestehen hat, zu befreien.

Die Frau am anderen Ende der Leitung fing an zu weinen.

Huch, was hatte ich falsch gemacht? Vorsichtig fragte ich weiter nach, und ich begriff, dass sie wirklich Stress hatte, Haus und Garten schienen sich in einen Urwald zu verwandeln, der sie einzuzingeln drohte, sogar existenziell eine Gefahr darstellte – und alles wegen eines Süßgrases, des Bambus. Wir verabredeten einen Termin für den nächsten Vormittag.

Nach einer guten halben Stunde Fahrt stand ich vor dem Haus der Familie Meiners. Ein Klinkerbau, umrankt von Kletterhortensien. Alles sah friedlich aus, nirgendwo hatte ich den Eindruck, dass hier der Urwald lauerte. Einen Zaun gab es nicht, ein Weg mit Steinplatten führte zum Hauseingang. Frau Meiners stand schon in der Tür.

«Erst einmal zeige ich Ihnen den Garten.» Sie war um die vierzig, ihr nussbraunes Haar war zu einem tiefen Pferdeschwanz zurückgebunden, ihr Gesicht extrem blass, die Augen tief umschattet. Da lastete etwas schwer auf der Seele, das war nicht zu übersehen.

Im Garten sah ich dann, was sie mit Urwald meinte. Überall aus dem Rasen trieben Bambusschösslinge, auch in den Beeten breiteten sie sich gemütlich aus, als wollten sie demonstrieren, dass sie den Garten beherrschen und die Spielregeln bestimmen würden. Verursacher dieser ungewöhnlichen Vermehrungslaune war ein gewaltiger Bambus, kräftig, gesund, offensichtlich bereit, noch weitere Triebe wie aus dem Nichts herausschießen zu lassen. So elegant er meist daherkommt, er kann auch wuchern, wie es ihm gerade passt. In unseren Gärten gibt es meist den Schirmbambus (*Fargesia*) oder den Flachrohrbambus

Bambus (Phyllostachys)

(*Phyllostachys*), Ersterer bleibt kompakt an Ort und Stelle, Letzterer bildet lange Rhizome, unterirdische Ausläufer, die man nie unterschätzen sollte. Der Bambus von Christine Meiners gehörte ohne Zweifel zur Gattung Flachrohrbambus.

Sie erzählte: «Wir haben das Haus und das Grundstück vor einigen Jahren gekauft, da stand dieser Bambus schon im Garten. Anfangs haben wir uns gewundert, dass immer wieder Bambuspflanzen aus dem Rasen herauskamen. Wir haben sie dann stets weggemäht, und damit war die Sache für uns erledigt. Doch in diesem Jahr ist etwas passiert, was uns alle erschütterte. Ich zeige es Ihnen mal.»

Was ich nun zu sehen bekam, konnte einen Menschen wirklich aus dem Gleichgewicht bringen. Der Bambus hatte sich über die Terrasse, wo er jede Ritze ausfüllte, an die Hauswand herangemacht, dann war er durch die Wand ins Innere des Hauses gewachsen und drängelte sich im Wohnzimmer aktuell durch das Parkett hindurch. Es war unglaublich, wie es da spross, und es war sofort einsichtig, weshalb die Hausherrin Vergleiche mit dem Film *Jumanji* angestellt hatte. An ihrer Stelle hätte es mich auch beängstigt.

Tränen schwammen in den Augen von Frau Meiners: «Wir wissen gar nicht, wie wir das bezahlen sollen. Das kostet bestimmt 20 000 Euro, um Haus und Garten wieder in Ordnung zu bringen. Ich habe deswegen schon Krach mit meinem Mann und meinen Kindern bekommen, denn ich habe den Familienurlaub gecancelt. Ich habe ihnen gesagt, dass wir es uns dieses Jahr nicht leisten können, in die Ferien zu fahren – und wohl auch nicht in den nächsten Jahren.» Ihre Schultern bebten.

«Machen Sie sich mal keine so großen Gedanken», erwiderte ich. «Die Bambusrhizome wachsen hier alle oberirdisch, jetzt ist ein bisschen Manneskraft oder auch Frauenkraft gefragt,

Phyllostachys – Ausläufer treibend

auch ein wenig Zeit, denn all die kleinen Ableger müssen einzeln ausgebuddelt werden. Da Ihr Garten offen ist, kommt man gut mit einem Minibagger rein, mit dem man die Mutterpflanze problemlos herausholen kann. Ist das geschehen, wird sich das Problem von alleine regeln. Das unkontrollierte Wachsen wird dann aufhören.»

«Sind Sie sicher, dass das klappen wird?»

«Das ist schon etwas mühselig», sagte ich, «aber es wird klappen. Und Sie können wieder bei Ihrer Familie punkten und ihr erzählen, dass der Urlaub nicht ins Wasser fallen muss. Und falls Sie doch noch mal auf die Idee kommen sollten, wieder eine ausläuferbildende Bambusgattung haben zu wollen, dann gibt es Rhizomsperren, die sind beim Pflanzen von Flachrohrbambus unverzichtbar.»

Frau Meiners winkte ab. «Von Bambus habe ich die Nase voll. Da kommt was anderes hin, etwas Unverfängliches.»

Am nächsten Tag erschien jemand mit dem Bagger, und bis heute habe ich keine negative Rückmeldung erhalten. Das Spiel um den Bambus wurde zu Ende gespielt.

Manchmal muss ein Pflanzenarzt auch einem Menschenarzt helfen, in diesem Fall war es ein Kinderarzt aus unserer näheren Umgebung. Dr. Johannes Braun, ein groß gewachsener Mann Mitte vierzig mit dichtem schwarzem Haar, suchte mich eines Tages auf, in der Hand hielt er ein Miniaturbäumchen, einen Buchsbaumbonsai. Es war ein Bild, das mich rührte, dieser sicher eins neunzig große und durchtrainierte Arzt und sein kleiner Schützling.

«Über Jahre habe ich ihn gehegt und gepflegt, aber nun droht er einzugehen», erklärte er.

«Wie alt ist denn Ihr Bäumchen?», fragte ich. Bonsais können genauso alt werden wie die gleiche Baumart in der Natur,

Cylindrocladium – Triebsterben an Buxus

doch Bäume in der Natur kann ich besser einschätzen als die von Menschenhand gestalteten.

«Ich weiß, man sieht es ihm nicht an, aber er ist schon achtzig Jahre alt.» Man sah es dem Buchsbaum tatsächlich nicht an, es war nur zu erkennen, dass er kränkelte.

«Stellen Sie Ihren Bonsai doch bitte auf den Tisch, da kann ich ihn besser untersuchen.» Ich hatte den Kinderarzt in den Anbau unseres Hauses geführt, in dem ich mit Pflanzen herumexperimentiere und auch meine Arzttasche aufbewahre.

Nach genauer Untersuchung war die Diagnose schnell gestellt, der Bonsai drohte an einer Pilzkrankheit einzugehen, bei der der Pilz (*Cylindrocladium buxicola*) über die Blätter in die Pflanze eindringt und sie abtötet. Das betrifft aber nicht nur Buchsbaumbonsais, sondern alle Buchsbäume, kleine wie große. Seit einigen Jahren befällt der aggressive Pilz mit großer Vorliebe Buchsbaumhecken, selbst vor historischen Gärten oder Friedhöfen macht er nicht halt. Buchsbaumtriebsterben wird die Krankheit genannt, die den Buchsbaum schwächt.

Am Anfang der Infektion sieht es so aus, als ob Nachbarskatze oder Nachbarshund an den Buchs gepinkelt hätte oder der Nachbar höchstpersönlich mit einem chemischen Mittel sein Unkraut bekämpfen wollte, wobei die Trennhecke in Mitleidenschaft gezogen wurde. Nachbarschaftsstreite sind deswegen entbrannt, oft genug wurde ich gerufen und musste einlenken, da weder Katze noch Hund noch Nachbar die Schuld traf. Jedes Mal war *Cylindrocladium buxicola* der Übeltäter.

Nach dem runden, scheinbar vertrockneten oder verbrannten Fleck am Buchsbaum kommen weitere Symptome hinzu: Die Blattspitzen werden hellbraun bis braun, auf den Blättern erscheinen Flecken in Orangebraun mit dunklem Rand, schließlich werden diese gelb und fallen ab. Auffällig sind zudem schwarze Streifen an den Stielen. Wie viele Pilze fühlt sich auch der *Cylindrocladium buxicola* bei feuchtem Wetter (er braucht Wasser zum Keimen) und einer Temperatur von 20 bis 25 Grad Celsius am wohlsten. Dann besteht auch die größte Ansteckungsgefahr, denn über Wasserspritzer von Blatt zu Blatt vermehrt er sich geradezu explosionsartig. Am Freitag war die Buchsbaumwelt noch in Ordnung, und am Montag, nach einem warmen Sommerregen, kommt das böse Erwachen. In kurzer Zeit ist alles unansehnlich. Nur wenn die Temperatur über 30 Grad steigt, ist die Gefahr gebannt, dann stirbt der Pilz ab – doch viele heiße Tage gibt es in unseren Breiten nicht, um ihn unschädlich zu machen. Außerdem sind seine Sporen sehr hartnäckig und überdauern mehrere Jahre im Boden. Wer schon mal eine Buchsbaumhecke geschnitten hat, weiß, wie schwer es ist, alle Blätter aufzusammeln. Und jedes Blatt, das liegen bleibt, ist ein potenzieller Sporenträger fürs nächste Jahr. Alles, was kräftig saugt, ist hier gefragt: Staub-, Laub- oder Industriesauger.

«Ist der Bonsai noch zu retten?», fragte Dr. Braun besorgt, nachdem ich ihm vom Buchsbaumtriebsterben erzählt hatte.

«Es ist meine Aufgabe, dem Pilz an den Kragen zu gehen, so

wie Sie Infektionen wie Keuchhusten behandeln und versuchen, das Schlimmste zu verhindern.»

Da der Pilz ja Wasser benötigt, um aufzubrechen und sich zu verbreiten, sind luftige Standorte günstig. Die Pflanzen trocknen dann schnell ab, was wichtig ist, weil der Pilz zu seiner Vermehrung drei bis vier Stunden Feuchtigkeit auf den Blättern braucht. Jedoch haben wir keinen Einfluss auf unser Wetter, auch können wir Hecken nicht einfach umpflanzen. Dennoch gibt es eine Lösung, die uns die Natur selbst liefert: Unter Kiefern wächst der Kiefernzapfenrübling (*Strobilurus stephanocystis*), ein unscheinbarer kleiner Pilz mit bräunlichem Hut, rotbräunlichem Stiel und weißen Lamellen. Ab April zeigt er sich, doch aufgrund seiner geringen Größe und seiner Farbe ist er unter den Kiefern kaum zu erkennen. Er ist streng ortsgebunden, Fichten etwa interessieren ihn nicht im Geringsten, einzig vergräbt er sich unter Kiefernnadeln oder überwächst Kiefernzapfen.

Für meine Buchsbaummission sammelte ich Kiefernzapfen, die halb verrottet und mit Pilzfäden überzogen waren. Niemals würde ich den Pilz essen, ich habe es einzig und allein auf die Inhaltsstoffe des Kiefernzapfenrüblings abgesehen, denn sie haben eine fungizide Wirkung. Eigentlich ist es paradox, aber das gibt es: Pilze töten Pilze. So können sich Pflanzen vor Fressfeinden schützen. Im Kiefernzapfenrübling befinden sich Strobilurine, und dieser Stoff führt dazu, dass die Zellatmung vom *Cylindrocladium buxicola* gehemmt wird. Mit diesem Pflanzenschutzmittel lässt sich das Buchsbaumtriebsterben eindämmen, manchmal sogar heilen. Ich finde es sehr traurig, wenn Gartenliebhaber ihre Buchsbäume, eine sehr alte Kulturpflanze, herausreißen, ganze Hecken abschlagen lassen, weil sie nicht wissen, dass es Strobilurine gibt.

«Wie gehen Sie denn vor?», wollte nun Dr. Braun wissen.

«Lassen Sie Ihren Bonsai hier», erwiderte ich. «Ich werde

mehrere Kiefernzapfen in warmes Wasser geben, diese einige Stunden ziehen lassen und anschließend damit Ihren kleinen Baum tropfnass einsprühen.»

Dieses Vorgehen ist eine Maßnahme zur Pflanzenstärkung, man kann diese Prozedur somit auch vorbeugend einsetzen. Mit Strobilurinen, die im Handel als Pflanzenschutzmittel zu erwerben sind, erhält der Buchsbaum starke Abwehrkräfte gegen den Pilz. Gleichzeitig ist es eine Verjüngungskur, denn Strobilurine sorgen dafür, dass sich das Blattgrün (Chlorophyll) im Blatt anreichert, die Pflanzen erscheinen grüner und vitaler, haben so mehr Kraft, um die Schadpilze zu bekämpfen.

«Haben Sie das erfunden?», fragte der Kinderarzt erstaunt.

«Leider nein. In den Siebzigern wurde die Wirkung entdeckt, und bis heute wurden damit Millionen verdient.» Leider werden einige Schadpilze schnell resistent gegen diesen Stoff, darum sollte man ihn nicht mehr als zwei- bis dreimal im Jahr zur Anwendung bringen.

Den Bonsaibuchsbaum von Dr. Braun konnte ich retten, seitdem verbindet uns wie bei Jürgen Heinz eine Freundschaft, die durch Pflanzen entstanden ist. Pflanzen können eben mehr als nur wachsen, blühen und Sauerstoff abgeben.

Beim Thema Gartenfreundschaften fällt mir noch eine andere Begegnung ein, zwanzig Jahre ist es her, da war ich noch nicht als Pflanzenarzt tätig, sondern als Gartengestalter, es ging dabei um einen ungefähr vierzig Meter langen Bachlauf, den ich in einem Hanggarten anlegen sollte, mit schönen Sträuchern und Blumen an den Uferläufen. Um das umzusetzen, hatte ich unendliche Mengen an Blumenerde und Waldhumus herangeschleppt, und natürlich durchwühlte ich mit meinem Spaten ordentlich den Garten, das konnte nicht ausbleiben. Vom Fenster des Hauses aus sah mir Henriette Sieber zu. Ihr war

Teich im Garten

nicht wohl dabei, wie ich ihr Grundstück in eine (vorüberge-hend) recht wüste Angelegenheit verwandelte. Als ihr alles immer suspekter vorkam und Angst in ihr hochstieg, sie könnte sich für den falschen Gärtner entschieden haben, rief sie ihren Sohn an. Sie muss so dringlich geklungen haben, dass er sofort seine Arbeitsstelle verließ, um sich das häusliche Drama anzuschauen.

«Ich glaube, wir sollten die Sache hier abbrechen», sagte er mit unverhohlenem Ärger.

Verstehen konnte ich ihn, bei den Vorgesprächen hatte mir Sieber junior erzählt, dass er Handwerker sei, und Handwerker sind von Berufs wegen pingelig – oder sollten es zumindest sein. Und ein pingeliger Handwerker konnte über das, was er sah, kaum erfreut sein. Kein bisschen Naturidylle, weit und breit keine romantische Eingebung, nicht einmal eine Ahnung davon. Man brauchte schon eine Menge Phantasie, um sich eine harmonische Gartenanlage vorzustellen.

«Sie meinen, weil es hier im Garten aussieht, als ob jemand eine Horde Wildschweine durch ihn getrieben hätte?»

Er nickte, seine Miene hatte sich weiter verhärtet, die Grübchen, eben noch da, waren plötzlich verschwunden. «Das ist noch milde ausgedrückt.»

«Aber es ist notwendig, wenn der Bach einmal so aussehen soll, als wäre er schon immer da gewesen. Sie haben gewollt, dass es das ganze Jahr über am Wasser blüht, mal hier, mal dort. Das erfordert derart massive Eingriffe.»

«Sind Sie sicher?»

«Ganz sicher.»

Im Leben gewinnt nicht immer der Größte oder Stärkste, auch nicht der Pingeligste, sondern manchmal auch der, der die besseren Argumente hat – oder zumindest so tut, als ob er sie hätte.

Sieber junior machte in seinem Blaumann kehrt und ließ mich weiter gewähren. Wahrscheinlich versuchte er jetzt, seiner Mutter meine Spatentätigkeit zu erklären, sie hatte sich das Elend nicht näher anschauen wollen und war im Haus geblieben. So sicher, wie ich vorgegeben hatte, war ich aber auch nicht, immer konnte bei einer solch komplizierten Struktur etwas schiefgehen, zumal ich auf keine lange Erfahrung zurückblicken konnte. Was das Verständnis von Pflanzen und das Wissen um ihre Krankheiten betraf, gab es für mich noch einiges dazuzulernen. Viele Dinge, die in der grünen Welt passierten, ließen mich damals ratlos zurück, händeringend suchte ich nach Erklärungen, denn übliche Spritzungen halfen nicht in jedem Fall.

Und so war es auch in dem Hanggarten der Familie Sieber. In den kommenden Jahren waren mithin noch mehrere Vorkehrungen zu treffen, da war ich mehr als Pflanzenarzt im Einsatz, musste Erde austauschen, eine Drainage legen, Dün-

gerkompositionen ausprobieren oder sonstige schweißtreibende Maßnahmen vornehmen. Einige mühevoll ausgesuchte Pflanzen wollten einfach nicht anwachsen. Pflanzen, die mit gärtnerischem Können gepflanzt wurden (Erdloch auf, Pflanze rein, Erdloch zu, Wasser drauf), hatten sich sofort etabliert und strotzten vor Gesundheit. Andere waren schon kurz nach dem Pflanzen eingegangen oder vegetierten einige Zeit kümmerlich vor sich hin. Das hatte mir gezeigt, dass nicht jede Pflanze, selbst mit noch so viel Anstrengung und Pflege, in jeden Garten gehört. Zum Leid von Karl-Heinz Sieber.

Gemeinsam erlebten wir Hochs und Tiefs, retteten in gemeinschaftlicher Verbundenheit den einen oder anderen Ahorn, am Ende verloren wir diese Sträucher dennoch. Heute ist der Hanggarten mit Bach eine Augenweide, aber im Nachhinein betrachtet würde ich einiges anders machen.

Ein Japanischer Ahorn punktet zwar mit seiner Laubfarbe und seiner Blattform, doch werden Neupflanzungen größeren Stils in den Boden gebracht, ist oft ein Schwächepilz, die sogenannte Verticillium-Welke, mit von der Partie. Dieser Pilz, der hochinfektiös ist, lebt im Boden. Hat er einen Ahorn befallen, ist dies im Frühjahr an den fahlen und schlaffen Blättern zu erkennen, da kann man noch so viel wässern und düngen, sie bleiben welk. Abgeschnittene Pflanzenteile dürfen nicht auf dem Kompost landen, da der Pilz sich dort wohlig weiterverbreitet. Ebenso muss benutztes Gartenwerkzeug sofort desinfiziert werden.

Im OP-Raum gibt es Mittel, die krankmachende Keime nicht nur abzutöten, sondern das OP-Besteck auch steril zu halten. Keime, Pilze, Bakterien und Viren sollten sich dann nicht mehr vermehren können, weil man sie schachmatt gesetzt hat. Bei Werkzeugen ist die Flamme ein geeignetes Mittel (einst hat man Nadeln entflammt, um etwa aus dem Daumen oder der Fußsohle einen Dorn zu entfernen). Ansonsten kann man wenig gegen den Unhold *Verticillium* ausrichten. Ein Bodenaustausch ist meist nicht möglich, denn dann müsste man gleich alle anderen Pflanzen mit herausnehmen.

KAPITEL 7

FAST VERGESSENES WISSEN –
PFLANZEN SCHÜTZEN PFLANZEN

Ein Pflanzenarzt kann auf Chemie setzen, was aber in meinen Augen schon sehr absurd wäre, schaut man sich an, was die Menschen alles für sich entdeckt haben, um sich mit dem, was in der Natur wächst, erfolgreich zu heilen. Einst haben sie die Augen offen gehalten, ständig beobachtet, welche Wirkung diese oder jene Pflanze für den Menschen hatte. Dieses Wissen haben sie dann von Generation zu Generation weitergegeben. Seit gerade mal 150 Jahren wissen wir erst, was Viren und Bakterien sind und was die Wissenschaft unternehmen kann, um sie zu bekämpfen. Jahrtausendelang waren Kräuter und Gewürze die einzige wirksame Medizin, ohne sie hätten die Menschen vermutlich nicht überleben können. Pflanzen waren für die Menschen existenziell. Sie wussten um die Wirkung, aber sie wussten nicht, was dahintersteckte. Pflanzen und Medizin waren somit große Verbündete, niemals Feinde.

Im 5. vorchristlichen Jahrhundert lebte Empedokles, ein griechischer Philosoph und angesehener Arzt, natürlich kein Facharzt, sondern einer, der aus seinen philosophischen Überlegungen und Erkenntnissen über Pflanzen bestimmte medizinische Behandlungen empfahl. Er war der Ansicht, dass man sein Tun als Mensch nicht nur gegenüber anderen Menschen und Tieren zu rechtfertigen hatte, sondern auch gegenüber Pflanzen. Die «frugale» Lebensweise hielt er aus diesem Grund auch für die einzig richtige, um Fieber, Erbrechen oder andere Unpässlichkeiten zu kurieren.

Im 3500 Jahre alten ägyptischen «Papyrus Ebers» gab es Hunderte von Rezepten gegen alle möglichen Krankheiten, bei uns wurde das Wissen über Heilkräuter durch die Äbtissin Hildegard von Bingen populär. Sie entwickelte ihre Heilmethoden laut eigenen Angaben nach göttlichen Visionen, doch als äußerst gebildete Frau besaß sie umfassende Kenntnisse über die Wirkung von Pflanzen, was sie zur Verfechterin einer ganzheitlichen Ernährung werden ließ.

Ich vertiefte mich in ihre Bücher, und schon sehr bald begriff ich, was eigentlich auf der Hand lag, aber von mir bislang noch nicht von mir so klar verstanden worden war: Was für den Menschen gut und heilsam ist, das ist auch für Pflanzen gut, und zwar in erster Linie. All die vielen heilsamen Wirkungen von Pflanzen waren ja nicht für den Menschen entwickelt worden, Pflanzen gab es schon viel früher auf der Erde, da war der Homo sapiens noch nicht einmal angedacht. Pflanzen erfanden also nicht ihre Inhaltsstoffe, damit wir unseren Husten, unseren Schnupfen oder unsere Läuse loswurden, sondern die Kräuter und Gewächse hatten das getan, um sich selbst zu schützen. Sie haben es für sich gemacht. Darum hilft es auch so gut, weil es ihr ureigenes Interesse war und sie sich so einen Überlebensvorteil sichern wollten.

Die Umwelt besitzt die Eigenschaft, niemals gleich zu bleiben, von einem Paradies konnte daher nie die Rede sein, Klimaveränderungen und neue Störenfriede, die irgendwann einmal die Frechheit besaßen, mir nichts, dir nichts aufzutauchen, konnten einem das zuvor ruhige Dasein ganz schön madig machen. Da half es nur, die pflanzliche Widerstandskraft zu stärken.

In der Geschichte ihrer Evolution mussten Pflanzen, weil sie sich ja entschieden hatten, an einem Standort zu bleiben, Mechanismen entwickeln, um sich zu behaupten. Wir Menschen sind Fluchttiere, wir können einfach abhauen, wenn es für uns zu gefährlich oder zu bunt wird, dazu sind Pflanzen nicht in der Lage. Sie haben aber einen anderen enormen Vorteil, um den wir sie beneiden können: Beißt man einem Löwenzahn den Kopf ab, also die Blüte, wächst diese nach. Das müssen Pflanzen auch können, denn wenn etwa eine Ziege oder eine Kuh auftaucht, können sie ja nicht abhauen, wenn man auf ihnen herumtrampelt oder ihnen die Blüten wegmampft. Menschen oder Tiere besitzen diese Fähigkeit nicht. Bei diesem Gedanken kam ich ins Grübeln. Wer ist eigentlich weiter entwickelt, die Pflanze oder der Mensch?

Eine Pflanze ist wie ein Netzwerk, in jeder Zelle sind alle Informationen enthalten, um eine neue Pflanze zu bilden. Die Gärtner machen sich das zunutze, Orchideen werden zum Beispiel auf diese Weise vermehrt: Aus nur einer einzigen Pflanzenzelle entwickelt sich eine neue Orchidee. Meristem-Vermehrung nennt man das, und diese einfache Massenvermehrung sorgte auch dafür, dass die Preise der Orchideen so stark sanken. Schneiden wir den Kopf der Pflanze ab und stecken diesen in die Erde, wird eine neue Pflanze daraus. Für uns Menschen wäre so etwas fatal und das Ende.

Immer klarer sah ich, dass Pflanzen nicht nur sich selbst, sondern auch andere Pflanzen schützen können. Was haben Pflanzen gemacht, um sich gegen grantige Schädlinge zu wehren? Welche Stoffe, welche Waffen haben sie in sich selbst produziert, um sich von fiesen Eindringlingen nicht unterkriegen zu lassen? Je mehr ich mich damit beschäftigte, umso genauer hörte ich hin, wenn ältere Menschen Tipps gaben: «Wissen Sie, von meinem Großvater weiß ich, dass Efeutee gegen Spinnmilben hilft. Sollten Sie mal ausprobieren.» Fragte ich nach, wieso das denn wirksam sei, bekam ich nie eine befriedigende Antwort, meist hieß es: «Hilft einfach. Das Rezept kennen wir schon seit Generationen.» Immerhin war es keine göttliche Vision wie noch bei der Äbtissin.

Ein anderer Rat war: «Mehltau? Da nehme ich einen Sud aus Acker-Schachtelhalm. Können Sie aber auch bei allen anderen Pflanzen anwenden. Schädlinge sind not amused, wenn sie mit den Inhaltsstoffen von diesem Gewächs konfrontiert werden. Die hauen dann sofort ab.»

Was hatte es bloß mit Efeu (*Hedera helix*) und Acker-Schachtelhalm (*Equisetum arvense*) auf sich? Ich musste dem nachgehen, das ließ mir keine Ruhe. Ich folgte den naturheilkundlichen Tipps, meine Experimente mit ihnen im eigenen Garten waren von hervorragenden Ergebnissen gekrönt. Aber die Zusammenhänge kannte ich immer noch nicht genau. Also noch mehr Literatur.

Der Acker-Schachtelhalm heißt so, weil seine Blätter und seine Stängel so wunderbar verschachtelt sind, aber beliebt ist er deswegen noch lange nicht. Von Menschen nicht, weil er sich wie Giersch im Garten so gut wie nicht bekämpfen lässt, da hilft auch nicht das tiefste Ausgraben.

Da der Acker-Schachtelhalm nicht giftig ist, lässt er sich sogar in der Küche verarbeiten, wenn auch der Geschmack eher herb ist. Ein Tee aus ihm ist wegen der in ihm enthaltenen Kieselsäure gut für Haut, Knochen und Fingernägel. Es gab somit Zeiten, in denen Menschen ein freundlicheres Verhältnis zum Acker-Schachtelhalm hatten und ihn nicht verschmähten. Sie aßen ihn zwar nicht unbedingt, aber sie benutzten ihn, um ihre Zinnteller auf Hochglanz zu polieren. Sie nannten die Pflanze deshalb auch Zinnkraut. Nicht zu ignorieren ist, dass der Acker-Schachtelhalm zu den ersten Landpflanzen gehörte.

Sein Geheimnis ist die Kieselsäure, die in Form von Kristallen in ihm enthalten ist. Kieselsäure oder auch Silizium ist ein weiß gekörntes Mineral, es ist eines der vielen Elemente, aus

Acker-Schachtelhalm (Equisetum arvense)

denen sich unsere Erde zusammensetzt. Gleich nach dem Sauerstoff kommt es als zweithäufigstes Element in der Erdkruste vor. Dort ist es vorwiegend in verschiedenen Gesteinsarten zu finden. Menschen brauchen es, um keine brüchigen Fingernägel und Haare zu bekommen; leiden sie darunter, ist das ein eindeutiger Hinweis, dass es an Silizium mangelt. Auch eine bleiche, faltige Haut kann damit zu tun haben, dass mit der Kieselsäure im Körper etwas nicht in Ordnung ist. Und Pfarrer Sebastian Kneipp hatte die Pflanze auch wertgeschätzt und sie zur Wundheilung sowie zu therapeutischen Zwecken gegen Gicht und Rheuma eingesetzt.

In den Pflanzen kommt Silizium nie in Reinform vor, immer nur in Verbindung mit Sauerstoff. Benutzt wird die Kieselsäure hauptsächlich zur Zellstärkung, sie sorgt also dafür, dass Pflanzen stabil erscheinen. Genauso wichtig ist noch eine andere Aufgabe, und zwar die der Krankheitsabwehr. Untersuchungen haben ergeben, dass Pflanzen die aufgenommene Kieselsäure genau an den Stellen einlagern, wo eine Pilzkrankheit ausgebrochen ist. Ein vermehrter Kieselsäuregehalt erschwert Pilzen das Eindringen in die Zellen.

In den Studien wurde auch das bestätigt, was ich als Tipp gehört hatte: Insbesondere das Wachstum von Mehltau wird auf siliziumreicheren Pflanzen stark gehemmt. Blattläuse wiederum haben es schwerer, mit ihren Saugrüsseln stark siliziumhaltige Blätter anzustechen. Es kann ihnen sogar so mühsam erscheinen, dass sie die Arbeit einstellen und der Pflanze den Rücken kehren. Ich fand das genial! Der verpönte Acker-Schachtelhalm war auch heute noch für etwas gut! Denn wer putzt noch seine Zinnpokale damit? Wer hat überhaupt noch Zinn im Haus? Hildegard von Bingen, die gern süffelte, hätte sich bestimmt einen eingeschenkt, hätte sie davon gewusst – und für ihren Kräutergarten im Kloster hätte sie einen Sud aus Zinnkraut hergestellt, um ihn schädlingsfrei zu halten.

Mein Rezept: Sammeln Sie Acker-Schachtelhalm, Sie können ihn trocknen oder auch frisch verwenden. Fünf Gramm im getrockneten Zustand sind auf einen Liter Wasser ausreichend, bei frischen Pflanzenteilen wird die Menge auf rund 40 Gramm pro Liter Wasser erhöht. Wasser und Halme mindestens zwanzig Minuten aufkochen, damit sich die Kieselsäure löst. Inhaltsstoffe einer Pflanze sind nicht so leicht herauszubekommen, bei jedem Mittel sind andere Zeiten gefragt. Legen Sie die Halme noch zwei Tage vor dem Aufkochen in Wasser, am besten Regenwasser, das verbessert die Wirkung. Wir Gärtner sollten also den Nutzen aus dieser Pflanze ziehen und den Acker-Schachtelhalm nicht länger als Unkraut verteufeln: Der Acker-Schachtelhalm ist ein echter Gärtnerfreund.

Erst fand ich es ungewohnt, einen Tee für Pflanzen zu kochen, so wie wir uns einen gegen Erkältung, Bauchschmerzen

Utensilien zum Zubereiten von Sud oder Tee

oder Übelkeit zubereiten. Aber man gewöhnt sich daran, nicht mehr mit den chemischen Spritzapparaturen und Schutzmasken loszuziehen – und zwar sehr, sehr schnell.

Manchmal ist man irritiert, wenn man auf die Natur selbst setzt, um die eigenen Pflanzen im Garten oder im Haus zu schützen: Da hat man erfahren, dass der Rainfarn den Blattläusen den Garaus macht, doch schaut man sich den Rainfarn am Wegesrand genauer an, so ist er von oben bis unten voll mit Blattläusen. Verwundert fragt man sich: Wie soll das funktionieren? Wie kann Rainfarn gegen diese Schädlinge eingesetzt werden, wenn es bei ihm offensichtlich nicht so super mit der Abwehr klappt? Doch man muss sich vor Augen halten: Sind die entsprechenden Inhaltsstoffe herausgekocht, hat man eine hochkonzentrierte Lösung – auf die Dosis kommt es an.

Interessant und bekannt ist ein anderes Beispiel, dabei handelt es sich um einen Baum aus Indien, den Niembaum (*Azadirachta indica*), in alten Sanskrit-Schriften wird er als «Geschenk des Himmels» erwähnt, ein äußerst passender Name, denn das Mahagonigewächs kann eine ganze Apotheke ersetzen. Die einzelnen Baumbestandteile, die Blätter, die Nuss und die Samen, wirken antibakteriell, entzündungshemmend, wundheilend und fiebersenkend. Bei genauerer Untersuchung stellte man fest, dass der Niembaum eigentlich überhaupt keine Schädlinge hat, im Grunde immer schädlingsfrei gewesen war. Die Ursache dafür ist ein Eigenschutz, den der Baum entwickelt hat. Wie dieser genau funktioniert, ist noch nicht ganz geklärt, da der Niembaum eine Vielzahl von Wirkstoffen hat. Zwar hat man bislang nur wenige Stoffe identifiziert und isoliert, darunter den Margosaextrakt. Es handelt sich hierbei um eine Substanz, die schwerpunktmäßig abschreckend auf Insekten wirkt. Der Einsatz klappt am besten bei der Bekämpfung von Zecken, Flöhen, Ameisen und Motten. Und dann gibt es da noch das Azadirachtin, das eine Zulassung als Pflanzenschutzmittel hat. Aber immer hatte die Gesamtheit besser funktioniert als einzelne Elemente.

Diese bestimmte, noch zu erforschende Kombination sorgt also dafür, dass sich Insekten nicht auf dem Baum vermehren können. Die Inder inspirierte das, sie pressten das Öl aus den Samen, um die eigene Familienplanung zu begrenzen. Diese Tinktur würde ich aber nicht empfehlen, da übernehme ich keine Garantie, denn wenn man so sieht, wie viele Inder es auf der Welt gibt, hat diese Verhütungsmethode wohl nicht so recht funktioniert. Oder die Menschen dort haben diese Methode am Ende nicht konsequent praktiziert, fanden Kinder wunderbare Geschenke. Bei Insekten jedoch, nähern sie sich dem Baum, wird die Fortpflanzung automatisch gestoppt, ob sie wollen oder nicht (sie wollen ganz und gar nicht). Sobald ich also meine Pflanzen mit einer Lösung aus den Inhaltsstoffen des tropischen Niembaums einsprühe, hören die Viecher auf zu fressen, und wenn sie das Fressen eingestellt haben, können sie sich auch nicht mehr fortpflanzen. So einfach geht das. Und alles ganz ökologisch.

Niembaumöl können Sie in jedem Gartencenter kaufen, es wirkt verdünnt gegen Käfer, Raupen, Läuse oder Spinnmilben. Marienkäfer, Bienen, Hummeln oder auch der eigene Haushund tragen keinen Schaden davon, wenn sie damit beim Herumstromern im Garten in Kontakt kommen. Auch für Menschen ist es vollkommen harmlos. Man kann mit dem Öl Pflanzen einsprühen, man kann es aber auch ins Gießkannenwasser geben, sodass die Pflanzen über die Wurzeln gestärkt werden.

KAPITEL 8
....

TEE ODER BRÜHE?

In unserem Garten oder am Straßenrand finden wir Pflanzen, die Inhaltsstoffe entwickeln, um sich so manche Plagegeister vom Hals zu schaffen, ohne dass Sie eine chemische Keule zum Einsatz bringen müssen. Und einen schönen, gesunden Garten möglichst ohne Giftspritze – wer will das nicht? Für die biologische Alternative brauchen Sie nur eine Schere oder ein Messer, um damit die Pflanzen abzuschneiden. Handschuhe wären auch nicht schlecht, insbesondere wenn Sie sich über Brennnesseln hermachen. Und die gibt es wirklich im Überfluss und fast überall, um ihren Fortbestand müssen Sie sich keine Sorgen machen. Aus den von Ihnen gewählten und gesammelten Gewächsen können Sie dann verschiedene Pflanzenstärkungsmittel zubereiten. Als Dosierung für einen Tee, eine Brühe, einen Kaltwasserauszug oder eine Jauche gilt folgende Regel:

- bei getrockneten Pflanzen ca. 5–10 g pro Liter Wasser.
- bei frischen Pflanzen ca. 100–150 g pro Liter Wasser.

Da die Inhaltsstoffe der Pflanzen je nach Standort variabel sein können, heißt es hier ausprobieren. Gekaufte Pflanzen sind im getrockneten Zustand in ihrer Qualität weitgehend identisch, hier halten Sie sich dann an die vorgegebene Dosieranleitung.

So bereiten Sie einen stärkenden Tee für Pflanzen zu:
Geben Sie die getrockneten Pflanzen in einen Teebeutel und übergießen Sie ihn mit kochendem Wasser, anschließend

5–10 Minuten ziehen lassen. Nach dem vollständigen Abkühlen werden die Pflanzen mehrmals pro Woche mit dem unverdünnten Teeaufguss (etwa Rainfarntee) eingesprüht.

Manchmal muss es eine Brühe sein:

Für eine Brühe lassen Sie getrocknete oder frische Pflanzen vierundzwanzig Stunden lang einweichen. Danach kochen Sie das Ganze auf, anschließend lassen Sie alles eine halbe Stunde weiterköcheln. Gegebenenfalls muss mit Wasser verdünnt werden, zu empfehlen ist dies bei Brühen mit Acker-Schachtelhalm oder Rainfarn.

Auch eine Alternative, der Kaltwasserauszug:

Frische Pflanzen werden 12–24 Stunden in kaltem Wasser angesetzt. Unter keinen Umständen darf der Auszug zu gären anfangen! Gut geeignet ist ein Kaltwasserauszug mit so richtig schön brennenden Brennnesseln gegen Blattläuse. Das Nesselgift bleibt aber nur kurz wirksam, weshalb mit dem Auszug sofort gearbeitet werden sollte. Ähnlich gut eignen sich Tomatenblätter, die aber nur 3–4 Stunden ziehen müssen.

Wunderbare Jauche für den biologischen Garten:

Pflanzenjauche ist ein Flüssigdünger, der einzig und allein aus Pflanzen hergestellt wird. Was immer Sie mit Gülle assoziieren, vergessen Sie es! Ideal ist es, wenn Ihr Ansatz mit Regenwasser vergärt wird. Um eine Jauche herzustellen, benötigen Sie eine Holz- oder Plastiktonne (Metallgefäße bitte nicht verwenden, da das Metall und die jeweilige Flüssigkeit chemische Prozesse auslösen, die die Wirksamkeit der Jauche beeinträchtigen). Die Tonne wird dann mit den Pflanzenteilen (Brennnessel, Beinwell, Acker-Schachtelhalm) gefüllt, Sie können alles bis auf die Blüten verwenden, größere Pflanzen auch in handlichere

Teile schneiden. Das mit Pflanzen gefüllte Behältnis wird nun mit (Regen-)Wasser aufgefüllt, aber nicht ganz. Beim Vergären schäumt nämlich die Jauche auf, und die Tonne kann dann überlaufen, wenn Sie sie bis zum Rand gefüllt haben. Danach wird es ein bisschen anstrengend, denn der Ansatz sollte täglich umgerührt werden, sodass Sauerstoff in die Flüssigkeit kommt und die Gärung stattfinden kann (erkennbar an Schaum und Bläschen).

Suchen Sie sich für dieses blubbernde Unterfangen einen Ort im Garten aus, der weit entfernt von der Terrasse oder dem Küchenfenster liegt, denn die ganze Angelegenheit stinkt doch ein wenig. Den strengen Geruch kann man mildern, indem man einige Tropfen Baldrianextrakt hinzugibt. Je nach Witterung und Standort sollte die Jauche in 3–6 Wochen fertig sein. Sie ist dann bräunlich und klar und kann in Gefäße mit einem gut schließbaren Deckel gefüllt werden. Je nach Bedarf wird die Jauche verdünnt (1:10) an die Pflanzen gebracht, ältere Pflanzen können eine hochkonzentrierte Form ab, jüngere Pflanzen lieben es nicht so heftig. Auch Balkonpflanzen profitieren von der Jauche. Ein damit gefülltes Marmeladenglas ist ein nettes und sicher ungewöhnliches Mitbringsel für Pflanzenfreunde.

Für die Herstellung von Pflanzenstärkungsmitteln gibt es eine Reihe von Gewächsen, die sich für vorbeugende Maßnahmen eignen. Im Folgenden finden Sie einige, die Sie ohne größere Probleme in Ihrem Garten oder in der näheren Umgebung finden können.

Wermut – graue Eminenz mit Filz

Der Wermut (*Artemisia absinthium*) fällt durch seine weiß-silbrige Blattfarbe auf, im Sommer blüht die Pflanze goldgelb. Die Blätter verströmen einen aromatischen Duft, genau wie die Blüten. Hildegard von Bingen und andere Naturheiler der Vergan-

Wermut (Artemisia absinthium)

genheit haben diesem Kraut schon viele heilende Kräfte nachgesagt; es wirke, so ihre einhellige Meinung, magenstärkend, verdauungsfördernd, entzündungshemmend, zudem sei es anzuwenden bei Leber- und Nervenleiden. Berühmt-berüchtigt ist er als Beigabe von Absinth, jenem berauschenden Schnaps, der schon so manchem zu Kopf ging. Klar, dass die Redensart vom «Wermutstropfen» damit zu tun hat, die in ihrer Bedeutung von einem Schwachpunkt, einem Nachteil ausgeht, von etwas, das die Freude trübt.

Die Inhaltsstoffe des Wermuts (ätherische Öle wie Thujon, Isothujon oder Chamazulen, Sabinen, Flavone, Gerb- und Bitterstoffe, Absinthin, Artabsin, Anabsin sowie Ascorbinsäure) schrecken Blattläuse und Co. ab. Viele Schädlinge ändern dann ihren Kurs, fliehen vor den Pflanzen, die damit eingesprüht wurden. In diesem Fall ist der Wermutstropfen nicht im Geringsten von Nachteil.

Rainfarn – unentbehrlich für den Pflanzenschutz

Auch der Rainfarn (*Tanacetum vulgare*), eine mehrjährige Pflanze, die ich schon auf S. 93 erwähnt habe, nervt Schädlinge. Pilzsporen werden von ihm zerstört, Kartoffelkäfer durch das Spritzen mit Rainfarntee bis zu 100 Prozent aus dem Kartoffelbeet verbannt. Blattläuse suchen das Weite, wenn sie mit ihm in Kontakt kommen.

Rainfarn und Wermut, als Tee aufgegossen, sind Pflanzenpower im Doppelpack. Sprühen Sie mit ihm geplagte Pflanzen ein, sorgt das dafür, dass ungebetene Gäste gleich ganz fortbleiben und Pflanzen widerstandsfähig werden. Mit warmem Wasser und zusätzlich einem Schuss Rapsöl geht's den Wollläusen an den Kragen.

Acker-Schachtelhalm – nicht nur Unkraut

Diese wunderbare Pflanze (siehe auch S. 92) hilft gegen Braunfäule an Tomaten und als vorbeugende Pflanzenstärkung, und zwar mittels einer Zellstärkung durch die im Acker-Schachtelhalm enthaltene Kieselsäure. Das kommt der Abwehr von Krankheitserregern zugute, Pilzen wird das Eindringen in die Zellen auf diese Weise erschwert. Ebenso ist das Wachstum von Mehltau auf siliziumreicheren Pflanzen stark gehemmt, und Blattläuse kommen aus der Puste, wenn sie Anstechversuche mit ihren Saugrüsseln unternehmen.

Dazu eine kleine Geschichte. Miriam Scheer schrieb mir eines Tages: «Herr Wadas, Sie reden immer so lobend vom Acker-Schachtelhalm. Wenn Sie mögen, können Sie zu mir nach Stade fahren und sich reichlich abholen. Was kann ich bloß machen, mein gesamter Garten ist überwuchert vom Acker-Schachtelhalm. Nichts wächst hier mehr ordentlich. Wie kann ich Ihrem Lieblingsgewächs mal zeigen, dass ich in meinem Garten das Sagen haben will?»

Meine Antwort: «Stade ist doch recht weit weg und der Acker-Schachtelhalm auch in meiner Gegend häufig. Sollte ich aber mal einen Mangel haben, komme ich gern auf Ihr Angebot zurück. Doch bis dahin sollten Ihre anderen Pflanzen wieder durchatmen können. Der Acker-Schachtelhalm ist eine Zeigerpflanze für sauren und feuchten Boden. Versorgen Sie Ihren Garten jedes Jahr mit Gartenkalk, zirka zehn Kilogramm auf 100 Quadratmeter, das hebt den pH-Wert Ihres Bodens. Und lockern Sie ihn tiefgründig, sodass Staunässe vermieden wird. In einer solchen Umgebung wird sich die Pflanze nicht mehr wohl fühlen, nach und nach zieht sie sich zurück.»

Meerrettich – unschätzbarer Helfer in der Gartenapotheke
Der Meerrettich (*Armoracia rusticana*) verfeinert nicht nur Lachs oder Tafelspitz, er bietet auch dem Apfelschorf (*Venturia inaequalis*) Paroli (siehe S. 235) und hilft, ihn von unseren Bäumen zu verbannen. Damit das gelingt, ist eine vorbeugende Spritzung mit einem Tee aus Meerrettich notwendig. Wer dieses Ge-

Merrettich (Armoracia rusticana)

Efeu Hedera helix

müse schon einmal gegessen hat, weiß, wie scharf es ist. Diese Schärfe hat es zum eigenen Schutz vor Fressfeinden entwickelt. Wir können sie nutzen, um damit unsere Pflanzen zu desinfizieren und vor Pilzkrankheiten zu schützen. Verwertet wird nur die Wurzel. Das darin enthaltene Senföl ist der Wirkstoff, der uns in unserem Garten hilft.

Efeu – eine Art mit vielen Gesichtern
Efeu war einst eine Pflanze aus dem Wald, nun klettert sie vergnügt auch in der Stadt herum. Die Seifenstoffe, die Saponine im Efeu, eignen sich nicht nur gut als Spülmittel, sie vertreiben ebenso den einen oder anderen Schädling, so zum Beispiel Spinnmilben.

Gemeiner Wacholder – Kraftpaket für müde Pflanzen
Der Gemeine Wacholder (*Juniperus communis*) ist weit verbreitet, eigentlich das am weitesten verbreitete Nadelgehölz. Die säu-

lenartigen Büsche haben ihm den Namen «Zypresse des Nordens» eingebracht, seine dunklen Beeren aromatisieren Gin und Sauerkraut. Aber der Wacholder selbst hält zudem zahlreiche Pilze und Schädlinge von Pflanzen fern und vitalisiert diese. Verursacht wird das von einer Vielzahl von Inhaltsstoffen, wie dem Bitterstoff Juniperin, Betulin, Kampfer, Zitronensäure, Flavone, Pentosan, Phosphor, Gallussäure, Gerbstoff, Gerbsäure, Harz, Linolensäure, Mangan, Menthol, Oxalsäure, Terpineol, Umbelliferon und Zink, dazu kommen ätherische Öle.

Brennnessel – ein Dauerbrenner

Die Brennnessel wirkt als Jauche wie bester Stickstoffdünger (siehe dazu S. 47). Die Pflanze enthält aber auch reichlich Vitamine und Mineralien, dazu Eisen und Kali, dadurch ist ein Brennnesselsud ein perfekter Gesundmacher. Als Kaltwasserauszug kann er das Leben von Blattläusen beenden, dazu trägt das Nesselgift Histamin bei. Mit ihm werden diese dann ohne Umwege in den Himmel geschickt.

Hafer – er sticht und sticht

Der Hafer (*Avena*) ist auch so eine Pflanze, die für eine biologische Abwehr unverzichtbar ist. Er gehört zu den Süßgräsern, wurde schon vor den Römern in Deutschland angebaut, ist also ein uraltes Grundnahrungsmittel. Nur kann er noch viel mehr als einzig satt machen. In der Naturmedizin wird er gegen Hauterkrankungen eingesetzt, oder – wer kennt es nicht? –, als berüchtigter Haferschleim gegen eine Magenverstimmung. Haferflocken im Müsli dürfen nicht fehlen, und auch Pferde lieben die Ackerpflanze als Futter. Aber nicht genug, im Hafer stecken Superkräfte:

1. Flavonoide: Diese Pflanzenstoffe geben Farbe, im Hafer dienen sie zudem als UV-Schutz und warnen Schädlinge oder

Pilzerreger davor, den Pflanzen zu nahe zu kommen. Flavonoide übernehmen zudem eine gewichtige Rolle beim Zusammenspiel zwischen Pflanzen und Pilzen beziehungsweise Bakterien, wobei sie als Lockstoffe wirken. Stehen Pflanzen unter Stress oder haben Verletzungen, rufen sie nützliche Bakterien zu Hilfe.

2. Alkaloide: Diese organischen Verbindungen schützen Pflanzen vor Fressfeinden (der bittere Geschmack ist auf deren Speiseplan unerwünscht) und Krankheitserregern (Viren, Bakterien, Pilze). Sie haben bei Schädlingen meist eine sehr spezifische toxische Wirkung auf bestimmte Zentren des Nervensystems. Einige Raupen haben sich jedoch auf Haferpflanzen spezialisiert, sie nehmen durch ihre Fressaktivitäten vermehrt Alkaloide auf und schützen sich so selbst vor Fressfeinden. Schlaue Kerlchen sind das. Und dass der Hafer nur sticht und nicht sich selbst vergiftet, liegt daran, dass er besondere Sekretzellen hat.

3. Saponine: Die Funktion dieser oberflächenaktiven Substanzen in Pflanzen (und das betrifft nicht nur den Hafer) ist noch längst nicht erforscht. Was man weiß, ist, dass sie eine Rolle bei der Abwehr von Pilzen und Fremdorganismen spielen. Eines haben Saponine in Pflanzen gemeinsam: In Verbindung mit Wasser bilden sie eine seifenartige Schaumlösung. Am bekanntesten ist hier die indische Waschnuss (*Sapindus mukorossi*), die als alternatives Waschmittel angeboten wird. Die Nussschalen enthalten bis zu 15 Prozent Saponine. Auch die vielerorts in Seen, Flüssen oder am Meer anzutreffenden Schaumgebilde haben oft mit dem Saponingehalt von Pflanzen zu tun, zeigen also nicht unbedingt Umweltschäden an, was vielfach vermutet wird, sondern entstammen Schutzreaktionen vor feindlichen Übergriffen.

4. Mineralien: Hafer enthält Unmengen von Calcium, Magne-

sium, Silizium, Kalium, Eisen, Phosphor, Zink und Mangan. Das alles sind wichtige Nährstoffe für jede Pflanze.

Angesichts dieses grandiosen Hilfspakets können Sie nun Hafer als Tee aufkochen, am besten gemischt mit Acker-Schachtelhalm – eine bessere biologische Pflanzenstärkung gibt es kaum. Hier gilt: Je öfter ich es ausbringe, desto besser.

Leider verlieren Pflanzenliebhaber nach einer Weile häufig die Lust, diese Stärkungsmittel zuzubereiten, und hören schließlich damit auf. Sie behandeln ihre Pflanzen einmal, vielleicht noch zweimal, bleiben aber nicht permanent dabei. Zum Wiederholen fehlt oftmals die Geduld. Sie denken, ach, die Pflanze ist ja wieder gesund, die Läuse sind weg, der Pilz ist nicht wiedergekommen, und schon stellen sie die weitere Behandlung ein. Und ähnlich wie beim Menschen kommt schnell mal ein Rückschlag, wenn man die Therapie zu früh beendet. Dann klingelt wieder das Telefon: «Herr Wadas, das sieht hier bei mir im Garten aber ganz schlecht aus …»

Verständlich ist das für mich nicht immer, denn die meisten sehen ihren Garten wie ein zweites Wohnzimmer an, manchmal auch wie ein Kind, nachdem die eigenen Kinder groß und aus dem Haus sind. Niemals würde man doch ein schimmeliges Wohnzimmer seinem Schicksal überlassen, niemals würde man ein krankes Kind nicht weiter beachten. Haben sich die Schädlinge in einem Übermaß verbreitet und unternimmt man nichts dagegen, ist das wie ein Sterben auf Raten.

KAPITEL 9

AUF SCHNECKEN- UND LÄUSEJAGD!

Langsam wird es Sommer, und dann können Schnecken zur Plage werden. Gerade wenn es in dieser Jahreszeit viel regnet, sind sie überall, tummeln sich munter in den unterschiedlichsten Größen und Farben in den Gärten herum, mit und ohne Haus, ganz selbstverständlich, als wären sie die Herrscher von Wegen und Beeten, ganz gleich, ob Blumen oder Gemüse dort wachsen. Ihr plötzliches und massenhaftes Auftreten erstaunt, und man fragt sich, was es mit dieser Schneckeninvasion auf sich hat. Gleichsam über Nacht hat sich eine Horde des Gartens bemächtigt. Alle schleimen um die Wette, die Spuren dieser Kriecher gleichen einem urbanen Verkehrsnetz. Ihr Drang, alles zu verputzen, was grün und saftig ist, kennt keine Grenzen.

Rote Wegschnecke (Arion rufus)

Man schlägt voller Entsetzen die Hände über dem Kopf zusammen, wenn von Blättern nur noch ein glitschiges Gerippe übrig ist. In solchen Momenten kann und will man sich kaum den Igel vorstellen, der sie fressen könnte. Manchmal hört man ihn zwar nachts schmatzen, wenn er die nackten Schnecken verputzt, aber bei den Mengen kann auch er schnell Bauchweh bekommen.

Und Vögel und Kröten, die sonst alles Mögliche vertilgen, werden beim Anblick der rötlich braunen Nacktschnecken, der Spanischen Wegschnecken, plötzlich krüsch. Diese Kriecher stehen nicht auf ihrem Speiseplan, sie sondern ihnen zu viel Schleim ab, sie würden daran ersticken. Natürliche Feinde hat die Spanische Wegschnecke deshalb kaum. Einzig eine Horde Laufenten könnten Sie sich in den Garten setzen, dann wissen Sie wenigstens immer, was es an Weihnachten zu essen gibt. Man darf dabei nicht unterschätzen, dass die Enten auch schon mal an den Salat gehen, es nicht so, dass sie ihn verschmähen.

Hausbesuche wegen einer Schneckenoffensive mache ich kaum, bei solchen hungrigen und gierigen Attacken werde ich von verzweifelten Gartenfreunden angeschrieben. «Können Sie mir nicht das ultimative Mittel gegen Schnecken verraten? Sie sind eine Pest, ich wage morgens kaum noch, in meinen Garten zu gehen, es ist jedes Mal ein einziges böses Erwachen.» Alle denken, ein Pflanzenarzt müsse ein Wundermittel gegen diesen Gärtnerschreck parat haben, einmal ausgestreut, und schon sind alle weg. Das klappt jedoch nicht, das ist Wunschdenken.

In der Natur existieren einige Pflanzen, an die Schnecken nicht drangehen, die sie nicht mögen und um die sie einen großen Bogen machen. Dazu gehört der Rote Fingerhut (*Digitalis purpurea*), der Eisenhut (*Aconitum*), die Fetthenne (*Sedum*), aber auch der Wurmfarn (*Dryopteris*). Gerade Letzteren sollte man

Wurmfarn (Dryopteris)

bei einer Schneckenplage irgendwo in einer Ecke im Garten haben. Pflücken Sie einige der gefiederten Blätter, zerteilen Sie diese, anschließend legen Sie sie zwischen Ihren Blumen- und Gemüsebeeten aus. Das ist keine Garantie, dass sämtliche Kriecher das Weite suchen, aber einige machen dann doch die Biege.

Sie sollten aber aufpassen! Lassen Sie sich in Ihrem eigenen Garten nicht zur Schnecke machen. Man sollte letztlich nicht zu viel tun, das grüne Paradies kann auch mit ein paar Schnecken überleben. Das heißt jedoch, die innere Einstellung vielleicht ein wenig zu ändern, im Sinne von: Ein bisschen gebe ich von meinem Garten ab, er kann nicht zu 100 Prozent mir gehören. Überlasse ich etwa 20 Prozent von meiner Ernte den Tieren, werde ich viel ruhiger schlafen. Mit dieser Haltung kommen Sie besser durchs Jahr. Und haben Sie sich erst damit abgefunden, dass nicht nur die Vögel etwas zum Fressen brauchen, sondern ebenso die Schnecken, funktioniert alles andere auch.

Trotz allem Gleichmut gibt es neben dem Trick mit dem Wurmfarn noch ein paar andere Möglichkeiten, die Sie auspro-bieren können. Legt man ein Stück Holz oder ein altes Brett in den Garten, verkriechen sich die Schnecken darunter. Einmal am Tag kann man sie dort aufsammeln und vielleicht in einen nahen Wald oder auf ein unbebautes Grundstück ausbringen. Überlässt man sie den Nachbarn, wirft sie nur über den Zaun, kann man gewiss sein, dass sie schnurstracks wiederkommen. Schnecken mögen es gern, einen Unterschlupf zu haben, und Bretter lieben sie ganz besonders, weil es unter ihnen so schön feucht, schattig und kühl ist. Unter ihnen kann man herrlich entspannt den Tag verbringen und von zukünftigen Genüssen träumen, darauf warten, dass es Abend wird und keiner es bemerkt, wenn man lautlos seine nächtlichen Runden dreht, um sich dabei übers leckere Grün herzumachen. Und sie kommen ja nie allein, sondern stets mit der ganzen Verwandtschaft, da kann schon einiges verputzt werden. Ob groß oder klein, jung oder alt, alle diese Weichtiere sind von einer permanenten Fresslust getrieben.

Die schönsten Tage im Sommer können einem auch vermiest werden, wenn im Garten, auf dem Balkon oder der Terrasse eine andere Invasion droht, die Heimsuchung durch ein kleines Insekt namens Laus. Die normale Laus ist jedoch nicht das ganz große Problem. Manchmal, und das gebe ich immer zu bedenken, muss man sich auch auf die Seite des schwachen Geschlechts schlagen, und in diesem Fall ist es auch weiblich, nur betrifft es nicht die menschliche Spezies, sondern ein parasitäres Wesen. Die Laus gehört nicht zu den wirklich starken Schädlingen, das muss mal gesagt sein. Man muss sich nur vorstellen, wie es um das Dasein einer Laus bestellt ist. Eigentlich geht es ihr ziemlich schlecht, denn ständig ist sie bedroht, sekündlich kann sie ein schlimmes Schicksal ereilen. Sie ist Zielobjekt der Marienkäferlarve, der Marienkäfer selbst verschlingt sie auch voller Wonne, andere Käfer tun es ihm nach, und wenn die nicht das Licht der Laus auslöschen, labt sich der Vogel an ihr. Und erwischt der Vogel sie nicht, kommt der Mensch daher und spritzt sie tot.

Dumm ist die Laus aber nicht, im Laufe der Evolution hat sie sehr schnell festgestellt, dass man ihr vom Himmel und vom Boden aus nach dem Leben trachtet. Um nicht dem Aussterben zum Opfer zu fallen, hat sie sich mit ihren eigenen Waffen weiterentwickelt. Ihre Strategie äußerte sich in einem verstärkten Vermehrungsdrang. Und um so richtig potent aufzutreten, hat sie sich zudem für die Jungfernzeugung entschieden, das heißt, sie vermehrt sich ohne Männchen. Nicht permanent, das wäre auch auf Dauer zu langweilig, aber gerade im Sommer, wenn die Pflanzen in voller Blüte stehen, verzichtet sie auf den Mann. So bleibt ihr genügend Energie, um den ganzen Tag lang nichts anderes zu machen, als an einer Pflanze zu saugen und für Nachwuchs zu sorgen. Irgendwann, wenn die Tage wieder kürzen werden, beginnen sie auch wieder damit, Männchen zu

Schwärzepilze verursacht durch Blattläuse

produzieren, weil sie diese für das nächste Jahr brauchen, um Eier legen zu können.

Bei einer derart enormen Vermehrung kann eine Blattlaus-kolonie überhandnehmen, dann ist eine Pflanze nur noch von Läusen übersät. Das gefällt allerdings selbst der Laus nicht mehr. Denn bei ihrer ständigen Sauglust scheiden die Läuse nicht nur Nachwuchs aus, sondern ebenso Honigtau. Sie saugen nämlich mehr auf, als sie verwerten können, und alles, was sie nicht für sich verwenden können, schießen sie hinten raus. Darüber freuen sich die Bienen. Es gibt einige Arten, die extra diesen Honigtau anfliegen und ihn sammeln; auch Ameisen melken ihn.

Wird es der Laus schließlich zu bunt, haut sie ab. So kommt sie zum Beispiel vom Garten oder vom Balkon an eine Wohn-zimmerpflanze. Was zu der berechtigten Frage führt: Wie gelangt sie dahin? Wie macht sie das? Kann sie einen so weiten Weg krabbeln? So wirklich kann sich das niemand vorstellen. Zu Recht. Wird die Kolonie zu groß, bilden einzelne Blattläuse Flügel, aber nur dann. Sie sind jetzt keine großen und eleganten Sportflieger, sie taumeln eher wie Betrunkene durch die Gegend. Macht man zum Beispiel die Balkon- oder Terrassentür auf und gibt es zugleich einen Windstoß, lassen sie sich mit dem Windstoß mitziehen und hoffen, letztendlich an einer Pflanze zu landen. Und haben sie diese dann gefunden, vermehren sie sich wieder, und zwar ratzfatz.

Ich bin weiterhin der Meinung, dass man nicht mit Kanonen auf Spatzen schießen sollte. Statt einer chemischen Keule kann man Blattläuse relativ rasch im Zaum halten, indem man als Insektizid Öl einsetzt – das Nahrungsmittel Öl hat fast jeder im Haus, in der Küche im Küchenschrank, ein bisschen Rapsöl oder Olivenöl, das ist ganz egal. Geben Sie davon 20 Milliliter auf einen Liter Wasser. Ganz wichtig dabei: immer warmes Wasser verwenden. Besprühen Sie die Pflanze mit dem Öl-Wasser-Gemisch, und schon hat man die meisten Blattläuse beseitigt. Der Ölfilm wirkt auch bei den Eiern der Blattläuse, diese Methode ist somit sehr nachhaltig. Aber wieso Öl? Auf dem Schmierfilm haben die Läuse keine Chance, sich festzuklammern, und das Öl verklebt die Atemorgane der Läuse. Und wenn Sie mit dieser Öl-Wasser-Emulsion Gemüsepflanzen oder Sträucher ansprühen, können danach geerntete Tomaten, Zucchini, Gurken oder Himbeeren bedenkenlos gegessen werden.

Gegen die Beißer und Sauger hilft zwar kein Knoblauch – der wirkt wohl nur bei echten Vampiren –, dennoch gibt es noch eine andere Alternative, eine Reihe von Pflanzen, die Abwehrstoffe gegen Läuse haben und die man in konzentrierter Form benutzen kann. Der schon erwähnte Rainfarn ist hier das Mittel, das sich am besten bewährt hat. Im Sommer blüht er überall an den Straßen, mit seinen kleinen gelben Knöpfchen ist er nicht zu übersehen. Als Zeus den Sterblichen Ganymed in den Himmel entführte und zum Mundschenk machte, mixte sich dieser

Rainfarn (Tanacetum vulgare)

einen Drink aus Rainfarn, um wie alle anderen dort oben in der Welt der Götter unsterblich zu werden. War das bei Ganymed von Erfolg gekrönt, so tritt bei Blattläusen eine gegenteilige Wirkung ein, wenn sie von einem Rainfarntee kosten. Sprühe ich mit dem Sud eine Pflanze ein, ist Schluss mit lustig.

Nehmen Sie dazu rund 100 Gramm getrockneten Rainfarn (Blüten abschneiden und Blätter von den Stängeln entfernen) auf einen Liter Wasser. Kochen Sie alles auf, mindestens eine halbe Stunde, erst dann haben Sie die Bitterstoffe und ätherischen Öle, darunter Kampfer, im Sud, die die falschen Vampire in die Flucht schlagen. Gießen Sie dafür alles durch ein Sieb und füllen Sie den Sud in eine Sprühflasche um.

Rainfarn ist eine Chrysanthemenart, eine mehrjährige Pflanze, die zwischen Juli und Oktober blüht. Die knopfgelben Blüten wachsen in dichten Büscheln auf einem starken Stiel. Die Blätter stehen abwechselnd am Stängel, sie sind dunkelgrün, gefiedert und farnartig, deshalb auch der Name Rainfarn. Einst legte man die duftenden Blüten und Blätter unter die Matratzen, um Ungeziefer davon abzuhalten, sich der Schlafstätte zu nähern. Hildegard von Bingen empfahl einen Rainfarnsud bei Schnupfen und stellte, klar, auch gleich einen Rainfarnwein her. Rainfarn legte man auch zwischen die Klamotten, damit sie nicht so stanken. Und das Beste an dieser Pflanze: Sie kostet kein Geld, günstiger können Sie Blattläuse nicht ins Jenseits schicken.

Aber Sie können damit auch den Kartoffelkäfer aus dem Kartoffelbeet verbannen. Und Milben. Die meisten Schädlinge im Garten tun dem Menschen nichts, außer Milben. Grasmilben sitzen an den Grasspitzen und warten nur darauf, dass Sie mit kurzen Hosen, Shorts oder Röcken und barfuß über den Rasen laufen. Hinterher können Sie, wenn Sie allergisch darauf reagieren, aussehen, als hätten Sie die Beulenpest. Ein Trost: Grasmilben stechen nur in die Oberhaut, sie gehen nicht wirklich tief. Auch bei ihnen hilft der Rainfarn, aber bei Milben muss ich die Prozedur öfter machen, da hilft ein einmaliges Einsprühen nicht.

Früher setzte ich bei vielen Lausarten E 605 ein, einmal gesprüht, und dann flog alles vom Halm. Alles war auf der Stelle mausetot. Unter Gärtnern wurde gewitzelt: «Wenn der Gartenbesitzer Glück hat, ist die Schwiegermutter gleich mit weg.» Selbstverständlich ist heute ein solches Vorgehen – und auch Denken – tabu. So etwas wollen wir nicht mehr. Darüber sollte aber nicht vergessen werden, dass das E 605, das fast jeder noch kennt, seinen Ursprung im Natur-Pyrethrum hat – das ist jenes Nervengift, das ich bei meiner Spargellaus einsetze, wenn ich sie denn entdecke. Es wurde dann aber auf chemischer Basis weiterentwickelt, weil das Natur-Pyrethrum nach zwei, drei Stunden durch Licht, Wärme und Wasser rückstandslos abgebaut ist. Doch der Mensch hat sich in seiner großen Unweisheit gedacht: Ich will kein Mittel, das nur zwei, drei Stunden hilft, sondern eines, das zwei, drei Wochen wirkt oder möglichst sogar noch viel länger. In der Folge modifizierte man in den siebziger Jahren das Nervengift derart, dass es sich nicht mehr zersetzt hat. Die ersten synthetischen Pyrethroide wurden entwickelt, die im Gegensatz zum Natur-Pyrethrum hochgiftig waren, zum Beispiel Deltamethrin. Aber was passiert, wenn ich ein toxisches Nervengift habe, das sich nicht mehr völlig zersetzt?

Als Pflanzenarzt komme ich unweigerlich mit chemischen Pflanzenschutzmitteln in Verbindung, wenn auch ungewollt. Doch in Kellern, Garagen und Gartenhäusern lagern noch immer massenhaft hochgiftige Pflanzenschutzmittel, deren Wirksamkeit selbst nach zwanzig Jahren nicht im Geringsten nachgelassen hat. Eines Tages bat mich eine ältere Dame um die achtzig um Hilfe. Sie zeigte mir eine Handsprühflasche, die anscheinend nicht funktionierte. Nach mehrmaligem Probieren und genauem Hineinschauen in die Sprühdüse kam sie zu dem Entschluss, sich und mir zu demonstrieren, dass die Flasche doch noch einsatzfähig war. Ein satter Strahl traf die Besitzerin mitten ins Gesicht. Doch nicht sie wich erschrocken zurück, sondern ich.

«Was hatten Sie denn in der Sprühflasche?», fragte ich ahnungsvoll.

«Ach, nichts von Bedeutung, E 605», antwortete sie patent. «Kein Problem, das benutze ich immer gegen Ameisen.»

«E 605 ... soso. Das Zeug ist nicht ganz ungefährlich, ich würde Sie dringend bitten, Ihr Gesicht zu waschen.»

Was sie auch augenblicklich tun wollte, und so verschwand sie in ihrem Haus ins Badezimmer. Als sie wieder zurückkehrte, sagte ich: «E 605 ist ziemlich giftig, wenden Sie es lieber nicht mehr an.»

«Aber ich hab davon noch so viel im Keller herumstehen. Das kann ich doch nicht einfach wegschmeißen!»

«Sie sollen es auch nicht wegschmeißen. Das ist kein normaler Müll, es gibt heute spezielle Stellen, die eine kostenlose Entsorgung für nicht mehr zugelassene Pflanzenschutzmittel anbieten.»

Die resolute Dame beharrte auf ihrem Sparkurs. «Ich will es aber aufbrauchen, bis nichts mehr da ist.»

Nun benötigte ich ein schlagkräftiges Argument, um sie davon abzubringen. Doch welches? «Wissen Sie, wenn Sie E 605 verwenden, dann gelangt es in den Boden und damit in die Pflanzen und ins Gemüse. Ich möchte es aber nicht mehr in meinem Essen haben. Das ist ähnlich wie mit Natriumglutamat, diesen Geschmacksverstärker wollen wir inzwischen auch nicht mehr. Doch Natriumglutamat kann man überleben, bei E 605 sieht es ganz anders aus. Es hat schon einige Menschen gegeben, die genug vom Leben hatten und sich mit E 605 umbrachten. Sie starben einen qualvollen Tod.» Das war drastisch, doch etwas Besseres war mir in diesem Moment nicht eingefallen. Ich hätte auch sagen können: «Das E entstand damals als Bezeichnung für Wirkstoffe mit einer insektenabtötenden Wirkung. E 605 ist ein Nervengift und wird über die Haut aufgenommen. Wenn ein Gärtner jahrelang damit hantieren musste, kann es sein, dass er unter einem vorzeitigen Haarausfall leidet oder an irgendwelchen Zuckungen.»

Das Natur-Pyrethrum dagegen lässt sich gut mit Rapsöl mischen. Das Öl überzieht die Insekten und verklebt die Atemorgane, weicht die Chitinpanzer der Insekten auf. Das Nervengift der Chrysantheme kann so noch besser wirken. Das Wasser zum Anmischen der Mixtur sollte zirka 35 Grad betragen.

KAPITEL 10

AUCH PFLANZEN HABEN EINE SENSIBLE SEELE

Pflanzen haben sich in ihrer Entwicklungsgeschichte dafür entschieden, an einem Ort zu leben und sich zu verwurzeln. Über Jahrmillionen haben sie Möglichkeiten gefunden, sich gegen Fressfeinde zu schützen, von den riesigen Dinosauriern bis hin zur kleinen Blattlaus. Sie ziehen ihre Lebensenergie aus dem Boden, sie mussten und müssen im Gegensatz zu Menschen und Tieren nicht andere Tiere fressen, um zu überleben. Sie haben evolutionär – bis auf einige Ausnahmen wie die Venusfliegenfalle – auf den Verzehr von anderen Lebewesen verzichtet.

Die eigenen Schutzmechanismen, die sie im Kampf ums Überleben herausbildeten, haben in allererster Instanz mit ihrem Aufbau zu tun. Da eine Pflanze nicht flüchten kann, hat sie die Möglichkeit, sich zu regenerieren. Wird eine Pflanze abgefressen, kann sie alle Pflanzenteile neu bilden. Wir erkennen das an unserem Hausrasen. Wird dieser regelmäßig gemäht, wächst er immer wieder nach. Er wird dadurch sogar stärker und dichter. Viele Pflanzen bilden Abwehrstoffe, die sie vor Fressfeinden schützen sollen. Andere produzieren süße Säfte als Nahrungsquelle etwa für Ameisen, die als Gegenleistung die Pflanzenfeinde vertreiben. In unserem Garten oder am Straßenrand finden wir viele Gewächse, die Inhaltsstoffe produzieren, um sich so manche Plagegeister vom Hals zu schaffen. Aber Pflanzen können noch viel mehr, immer wieder bin ich erstaunt, was für Sinnesleistungen sie an den Tag legen. Zwar besitzen Bäume und Pflanzen keine Nervenzellen, aber sie stellen Hormone her, mit denen sie Sinnesreize durch ein feines Adergeflecht zu ihren eigenen Organen übermitteln – auf diese Weise fühlen, sehen, hören und kommunizieren sie. Untereinander unterhalten sie sich übers Wetter, teilen Nährstoffe oder holen Hilfe herbei.

Sie sprechen aber auch mit uns, nur tun sie das auf ihre eigene Art und Weise. Dennoch sehr deutlich. Wenn eine Pflanze Wasser braucht, lässt sie die Blätter schlaff nach unten hängen, traurig sieht das aus. Damit will sie uns sagen: «Gieß mich!» Wer kann da einfach vorbeigehen und das arme Geschöpf nicht beachten? Eine Pflanze, die Hunger hat, verliert ihr strahlendes Grün, wird gelb und wirft als Erstes die unteren Blätter ab. Sie sagt: «Beachte mich, ich brauche etwas zu essen, sonst werde ich kahl und sehe nicht mehr gut aus.» Wird der Hilferuf nicht beachtet, geht es weiter damit, dass sie ihre Blätter fallen lässt, bis auch das letzte Blatt zu Boden gesegelt ist. Es ist das Zeichen, dass sie jämmerlich verhungert ist. Wie würden wir uns bei unseren Haustieren verhalten, wenn diese ihr Fell verlieren, weil sie nichts zum Fressen bekommen?

Ich bin kein Wissenschaftler, eher jemand, der die Pflanzen versteht, zu verstehen versucht und weiß, was für Bedürfnisse sie haben. Pflanzen sind Partner der Menschen, nur keine gleichberechtigten. Wir sind nicht mit ihnen auf Augenhöhe, denn wir sind von ihnen abhängig, während Pflanzen auch ohne uns existieren können, das haben sie lange genug bewiesen. Pflanzen können sogar mit den schwierigsten Situationen klarkommen. Haben wir Pflanzen in kleine Töpfe mit wenig Erde gezwängt, damit wir sie überallhin mitnehmen können, morgen ins Wohnzimmer und übermorgen ins Schlafzimmer, auch als Gastgeschenk für Tante Sophie, so ist das gegen ihre Natur, denn normalerweise stehen Pflanzen an einem Ort und können sich mit ihren Wurzeln ausbreiten und so nach Wasser und Nahrung suchen. Meist sind die Töpfe viel zu klein für sie,

Hortensien im Beet (Hydrangea)

sie bekommen in ihnen kaum Nährstoffe, stehen viel zu dunkel in einem Zimmer. Und trotzdem überleben sie.

Nur Pflanzen im Garten und im Haus, von uns gekauft und eingesetzt, sind von uns abhängig, und da sie das sind, müssen sie Tricks aufbringen, um zu demonstrieren, was sie gern möchten. Nur manche können nicht sehen, wie Pflanzen mit uns in Kontakt kommen wollen.

Vielleicht klingt das jetzt ein wenig verwunderlich, aber es hilft, jeden Tag mit den Pflanzen zu sprechen. Damit denke ich jetzt nicht an eine psychologische Sitzung, so tiefsinnig habe ich das gar nicht gemeint, eher ganz praktisch. Mit Pflanzen zu reden hilft nämlich beiden, den grünen Lebewesen und Ihnen. Was machen Sie, wenn Sie reden? Sie atmen Sauerstoff ein und Kohlendioxid aus – und wenn Sie tagsüber, also bei Licht, mit der Pflanze sprechen, kann sie vermehrt CO_2 aufnehmen und in der Folge Sauerstoff an ihre Umwelt abgeben. Pflanzen sind somit die besten Luftreiniger. Die Pflanzen wiederum profitieren ebenfalls von diesem Vorgang, denn sie wachsen besser, wenn sie unser Kohlendioxid bekommen, für sie ist es Dünger.

Die Pflanzenneurobiologie, ein Forschungsgebiet, bei dem Wissenschaftler untersuchen, wie Pflanzen ihre Umwelt wahrnehmen und darauf reagieren, welche Signale sie aussenden, sowohl auf elektrischer wie auf molekularer Ebene, hat Erstaunliches zutage gebracht. Nach vielen Studien sind Pflanzenneurobiologen zu dem Schluss gekommen, dass Pflanzen auf ihre Weise ein Erinnerungs- und Lernvermögen haben, auf veränderte Situationen und Probleme mit Lösungen antworten können. Manche propagieren auch eine «pflanzliche Intelligenz», aber das ist eine wissenschaftliche Kontroverse, die noch völlig ungeklärt ist. Da mische ich mich auch gar nicht ein, ich finde nur spannend, was Pflanzen alles Interessantes aufbieten können. Und selbst das klingt fast schon, als würde man sich in einem Science-Fiction-Film befinden.

Forscher in Australien haben Versuchsreihen mit Basilikum, Fenchel und Chili unternommen, um die Kommunikation der Pflanzen noch genauer zu untersuchen. Sie wiesen dabei nach, dass sie mit Hilfe akustischer Signale, also in ihrer «grünen Sprache», ihre Mitteilungen machen. Für sie war das eine Erklärung dafür, warum Chili neben Basilikum sehr gut gedieh, Fenchel dagegen das Wachstum der Chilipflanze hemmt. Nicht alle Pflanzen sind also glücklich miteinander. Doch nur wenige wollen allein sein. Man sieht das an Bäumen. Viele sagen: «Oh, die Bäume stehen aber viel zu dicht beieinander, einer von ihnen muss mindestens gefällt werden.» Den Bäumen tun Sie damit keinen Gefallen, sie mögen es, in enger Gemeinschaft zu leben und zusammen zu wachsen.

Laut den Neurobiologen können Pflanzen auch Schwingungen wahrnehmen: Es macht einen Unterschied, ob Sie sie der Musik von Mozart oder Rammstein aussetzen. Sie wachsen besser bei ruhigen Mozart-Stücken wie etwa dem «Requiem» als bei der «Tanzmetall»-Musik von Rammstein. Herausgefunden hat man das, als man Weinberge mit unterschiedlichen Musikrichtungen beschallte. Weiterhin zeigte sich: Bei den «spirituelleren» Stücken begann bei den Weinstöcken, die näher an den Boxen waren, eine frühere Rötung der Beeren als bei denen, die weiter entfernt waren. Differenzen bis zu zehn Tagen wurden festgestellt.

Pflanzen können sogar unter Tage hören: Der italienische Pflanzenneurobiologe Stefano Mancuso hat in einem Laborexperiment nachgewiesen, dass die Bodenwurzeln von Maispflanzen bei tiefen Tönen im rechten Winkel zur Schallquelle hin wuchsen, während sie sich bei hohen Tönen von der Schallquelle entfernten.

Pflanzen können riechen: Und sie können das ganz ohne Nase, Gehirn und Nervensystem. Eigentlich ist das unmöglich, aber es gibt eine Pflanze, die das Gegenteil demonstriert hat. Der Teufelszwirn (Cuscuta pentagona) ist ein Parasit, ein Schmarotzer von ziemlich gemeiner Art. Weil diese Schlingpflanze keine eigenen Wurzeln hat, braucht sie zum Leben eine Wirtspflanze, die sie umschlängelt und so lange aussaugt, bis diese vor die Hunde geht. Eine ihrer Wirtspflanzen ist die Tomate, doch bei ihr beißt sich der Teufelszwirn die «Zähne» aus, denn die Pflanze erkennt den Feind sofort und entwickelt eine Abwehrreaktion. Die kann man sogar mit bloßem Auge erkennen, denn an den Stellen, wo diese parasitische Pflanze versucht, in die Wirtspflanze einzudringen, wird es braun, die Tomate entwickelt ein Gewebe, das zum Schutz dient. Die Folge ist oft, dass der Schmarotzer innerhalb von ein, zwei Tagen abstirbt, wobei es der Tomate weiterhin erstaunlich gut geht. Bei diesem Vorgang spielen anscheinend Proteine eine wichtige Rolle, genau ist er noch nicht geklärt.

Wissenschaftler, die sich mit dem Teufelszwirn beschäftigt haben, interessierte aber noch etwas anderes: Wie findet der Teufelszwirn überhaupt die Wirtspflanze? Kann er sie vielleicht sehen? Welche Strategien hat er entwickelt? Um das herauszufinden, stellten die Forscher in einer Entfernung zwei Tomatenpflanzen in die Nähe des Teufelszwirns, wobei sie die eine Pflanze unter einen Glaszylinder setzten, die andere bekam dagegen keine Glasglocke übergestülpt. Das Ergebnis ihres Experiments: Die Tomatenpflanze unter Glas ließ der Parasit links liegen, er kroch auf die frei zugängliche Pflanze zu. Die Biologen mutmaßten das schier Unglaubliche: Der Teufelszwirn kann die Duftstoffe, die die Tomate aussendet, riechen und sie damit verorten. Um eine Bestätigung für diese Annahme zu erhalten, stellten sie den Geruchsstoff künstlich her und gaben ihn auf einen Gummipfropfen. Und tatsächlich: Wieder schlang sich der Teufelszwirn in Richtung des Pfropfens.

Die Pflanze kann schmecken: Die Tomate zum Beispiel schmeckt im Boden sofort irgendwelche Schadstoffe. Wenn sie einen Schadstoff erkennt, wird sie großräumig um ihn herumwachsen.

Die Pflanze kann sehen: Sie wächst zum Licht hin. Hat sie zu wenig davon, wächst sie schneller nach oben, um an die lebenswichtige Energiequelle zu gelangen. Dafür verbraucht sie ihre letzten Reservestoffe, und ist sie in ihrem Tun erfolglos, ist sie zum Sterben verurteilt. Ohne Licht kann sie nicht überleben. Sie zeigt uns das, indem sie ihre Blätter immer Richtung Licht dreht.

Eine Pflanze kann fühlen: Wer mit Pflanzen arbeitet, wird das im Laufe der Zeit begreifen, er muss diesen Gedanken jedoch zulassen. Sie haben sicher schon einmal Rasen gemäht und den Duft des frischgemähten Grüns in der Nase gehabt. Ich stelle mir dann immer vor, dass das der Geruch der Millionen Tränen ist, die der Rasen weint. Es hat ihm weh getan, abgemäht zu werden, auf seine Weise.

Pflanzen können zählen: Das hat die Venusfliegenfalle (*Dionaea muscipula*) Forschern der Universität Würzburg gezeigt. Die kleinen Sinneshärchen der fleischfressenden Pflanze müssen von ihren Beutetieren mindestens zweimal berührt werden, bevor sie ihre tellerförmige Falle zuklappt; ein einmaliges Berühren könnte ja ein Fehlalarm sein, da würde man nur unnötig Energie verschwenden. Ähnlich überlegt wird mit der Verdauung begonnen, die dafür notwendigen Enzyme werden erst ab der fünften Berührung in Gang gesetzt. Das Beutetier, das die Venusfliegenfalle fressen möchte, darf aber nicht zu groß und nicht zu klein sein, sie wägt auch hierbei genau ab. Der Aufwand muss sich ja lohnen, und wenn er sich nicht lohnt, sagt sie sich: «Nö, da kommt bestimmt noch was Besseres.»

Pflanzen können Alarm schlagen: Tabakpflanzen (*Nicotiana*) haben ein ganz besonderes SOS-System entwickelt. Sind sie von einem Virus infiziert, warnen sie ihre gesunden Nachbarn durch den Ausstoß eines Gases vor einer drohenden Ansteckung. Die noch nicht betroffenen Pflanzen aktivieren dann ihr pflanzliches Immunsystem und bilden antimikrobielle Proteine, wie eine Studie US-amerikanischer Forscher von der Rutgers University in New Brunswick ergab. Ebenso schreien Tabakpflanzen um Hilfe, wenn Raupen des Tabakschwärmers (*Manduca sexta*) sich hungrig über die Blätter hermachen. Der Hilferuf erfolgt in Form von Duftstoffen, die Weichwanzen (*Miridae*) schwach werden lassen. Sie kommen herbei, angezogen wie Motten vom Licht. Und sie werden für ihren Einsatz auch belohnt, denn sie haben die Raupen zum Fressen gern. Ziemlich clever, denn so werden die Feinde der eigenen Feinde in Bewegung gesetzt.

Noch ein weiteres Beispiel für das Aussenden eines Notrufsignals: Die Akazien (*Acacia*) in Afrika werden von Giraffen heiß begehrt. Die Wiederkäuer sind reine Vegetarier, brauchen also Unmengen an Blättern (über diese decken sie auch den größten Teil ihres Wasserbedarfs), wobei sie als Langbeiner gut Bäume erreichen können. Sehr zum Missfallen der Akazien. Fangen Giraffen bei ihnen zu fressen an, geben die Bäume Warnstoffe ab, was dazu führt, dass die Nebenbäume augenblicklich Bitterstoffe einlagern und die Akazienblätter nicht mehr abgefuttert werden, weil sie einfach nicht mehr schmecken. Aber die Evolution hat sich auch bei den Langbeinern weiterentwickelt: Die Giraffen wissen genau, was die Akazien da betreiben, um sie vom gemeinschaftlichen Fressen abzuhalten. Sie müssen nur fünf, sechs Bäume weitergehen, um das bitterstofffreie Blättervertilgen fortsetzen zu können. Die Weitergabe der Akazien-Info hat bis dahin nicht gereicht.

KAPITEL 11

EINE GUTE NACHBARSCHAFT PFLEGEN

Pflanzen sind – nicht anders als wir Menschen – darauf bedacht, eine gute Nachbarschaft zu pflegen, denn mit netten Nachbarn lässt es sich einfach besser leben als mit Grantlern, Stinkstiefeln oder Miesepetern. Und wenn Sie noch keine Nachbarschaft haben, in der Sie sich wohl fühlen, können Sie von den Pflanzen vielleicht lernen, wie das klappen könnte. In der Natur finden sich an einem Ort nämlich immer die Pflanzen, die sich optimal ergänzen und den speziellen Bedingungen eines Standorts angepasst sind. Eine solch vielseitige und zudem harmonische Gemeinschaft sollte auch in einem Garten angestrebt werden. Die verschiedenen Gewächse auf einem Beet sollen sich sowohl oberirdisch als auch unterirdisch ergänzen und sich nicht mit ihren Blättern und Früchten bedrängen. «Mischkultur» wird das genannt, dabei geht es auch um Pflanzen, die sich, wie in einer guten Nachbarschaft selbstverständlich, beim Wachsen und Versorgen von Nährstoffen helfen und sich gegenseitig vor Schädlingen und Krankheiten schützen, sollte mal das eine oder andere Pflanzenmitglied in die Bredouille kommen. Die verschiedenen Pflanzen einer Mischkultur entnehmen nämlich dem Boden unterschiedliche Nährstoffmengen und geben selber verschiedene Substanzen aus ihrem Stoffwechsel an den Boden ab. So entsteht ein Wechselspiel aus Geben und Nehmen. Das hat man nicht von Anfang an gewusst, sondern erst durch jahrelanges genaues Beobachten herausgefunden.

Ebenso entscheidend sind die Düfte der Pflanzen. Manche

Gewächse gehen ein oder verkümmern, wenn sie nebeneinander wachsen sollen. Andere fördern sich gegenseitig. Viele aromatische Würzpflanzen tragen zum Wohlgeschmack ihrer Nachbarpflanzen bei.

Aber wie kann ich erkennen, dass sich Pflanzen mögen oder lieber abhauen würden, wenn es ihnen nur möglich wäre? Sind sich Pflanzen wohlgesinnt, wachsen sie zueinander, ohne sich in die Quere zu kommen. So nehmen sie sich nicht gegenseitig das Licht weg. Können sich Pflanzen jedoch nicht «riechen», wird die stärkere Pflanze die ungeliebte Nachbarin überwuchern, überdecken, ihr Licht und Nährstoffe wegnehmen, sie wird sie, kurz gesagt, klein halten.

Und: Niemals Pflanzen nebeneinandersetzen, die die gleichen Schädlinge anziehen könnten.

MEINE TOP 10 NACHBARSCHAFTLICHER DREAMTEAMS IM GARTENBEET

1. Möhren und Lauch / Zwiebeln

Das Duo schützt sich gegenseitig vor der Möhren- und Zwiebelfliege, sodass Ihnen eine gute Ernte sicher ist. Zudem haben sie fast die gleichen Ansprüche, was Wasser, Standort und Nährstoffe betrifft.

2. Tagetes zwischen Wurzelgemüse

Diese unschlagbare Kombination schützt den Boden vor Fadenwürmern (Nematoden) sowie Drahtwürmern. Tagetes wurzelt derart anziehend und unwiderstehlich, dass schädliche Nematoden und Drahtwürmer, die im Boden leben, angelockt werden und die Möhren links liegenlassen. Dabei nimmt die Studentenblume aber keinen Schaden, sie hat ein sehr ausgeklügeltes System entwickelt. Eine gewisse Gerissenheit kann man ihr nicht absprechen. Zuerst sondert die Tagetes, die nach dem etruskischen Gott der Weisheit, Tages, benannt wurde, über ihre Wurzeln einen himmlischen Duftstoff ab, der dazu führt, dass Faden- und Drahtwürmer komplett ihr Gehirn ausschalten, ihr Oberschlundganglion. Doch sobald sie an den Wurzeln saugen oder in das Wurzelwerk einzudringen versuchen, setzt die hübsche Studentenblume einen hochwirksamen Giftstoff frei, der den gefräßigen Würmern den Appetit verdirbt. Aber so richtig.

Damit die Tagetes ihre Arbeit erfolgreich verrichten kann, pflanze ich sie im Frühjahr und lasse sie bis in den Herbst hinein zwischen den Gemüsepflanzen stehen. Für mich sind diese Blumen die hübschesten Stinker, die ich kenne, und bezaubern zudem noch durch ihre Vielzahl an Blüten.

3. Knoblauch und Rosen

Knoblauch zwischen den Rosen hält Rosenrost und Mehltau fern. Er kann aber auch überall gepflanzt werden, wo anfällige Pflanzen wachsen, sein Geruch ist nicht jedermanns Sache. In eiligen Fällen können Sie auch eine Knoblauchjauche herstellen (siehe S. 96), Knoblauchzehen in die Erde stecken oder betroffene Pflanzen mit Knoblauchblättern umwickeln.

4. Tomaten / Sellerie und Kohl

Kohlpflanzen im Gemüsebeet können stark durch den Kleinen Kohlweißling (*Pieris rapae*) geschädigt werden, nicht durch den hübschen Schmetterling, aber seine Raupen gehören zu den nimmersatten Krabblern. Normalerweise sind Rot-, Grün- oder Weißkohlgewächse, auch Blumenkohl oder Wirsing wegen ihrer Senföle wenig attraktiv für Schädlinge, denn in vielen Fällen sind sie für Insekten giftig. Trotzdem kann es passieren, dass Ihre Kohlpflanzen plötzlich stark angefressene Blätter aufweisen, oft bleiben nur noch die dicken Blattrippen übrig. Nimmt man die angeknabberten Blätter dann unter die Lupe, ist der Übeltäter schnell ausgemacht, eine kleine grüne Raupe mit Längslinien sowie einer kurzen und dichten Behaarung. Der Geruch von Tomaten oder Sellerie ist aber so abtörnend, dass sie ihren Hunger lieber woanders stillt.

5. Kapuzinerkresse unter Obstbäumen

Sollten Sie der Meinung sein, dass man nichts unter Obstbäume pflanzen sollte, am besten nur Wiese oder das nackte Erdreich um den Stamm, weil andere Pflanzen dem Baum Wasser und Nährstoffe entziehen, so ist das richtig. Doch es gibt wie bei jeder löblichen Regel auch Ausnahmen. Ich entlaste die Obstbäume in meinem Garten mit der Kapuzinerkresse (*Tropaeolum majus*), denn diese gelborange blühende Rankpflanze lockt mit ihrem pfefferartigen Geruch Blattläuse an. Die Läuse fühlen sich auf der Kapuzinerkresse einfach wohler als in der Birne oder in der Pflaume, vielleicht liegt es daran, dass sie die Wir-

Kapuzinerkresse (Tropaeolum)

kungen der alten Heilpflanze auch für sich erkannt haben. Sie stimuliert nämlich den Appetit und die Verdauung und ruft ein Gefühl des Wohlbefindens hervor.

6. Senf als Beeteinfassung

Schnecken haben einen enormen Wandertrieb, und um diesen in Schach zu halten, kann man stabile pflanzliche Barrieren installieren. Für eine Abgrenzung eignet sich am besten Senf; diese sehr aromatische Pflanze, ein echter Scharfmacher, wird von den schleimigen Tierchen nämlich überhaupt nicht gemocht. Bloß weg, empfangen sie als Signal, wenn sie in die Nähe der ätherischen Senföle gelangen.

7. Kaiserkrone und Wolfsmilch

Beide Pflanzen – die Kaiserkrone blüht majestätisch in einem fulminanten Orange, die Wolfsmilchblume eher in einem bescheideneren und zurückhaltenden Grün-Gelb – halten in meinem Garten die Wühlmäuse auf Abstand. Sie enthalten Wirkstoffe, die für manche Tiere giftig sind, und um kein Geheimnis daraus zu machen, sie warnen die Nager mit einem intensiven Geruch nach Katzenurin. Der Duft ist so verstörend, dass sie nicht mehr die geringste Lust verspüren, an die Wurzeln zu gehen. Natürlich sind diese beiden Pflanzen keine Wunderwaffe bei der Abwehr von Wühlmäusen, und es reicht auch nicht, wenn man hier und da eine kleine Schutzbarriere pflanzt, da sollte man schon für eine größere Stückzahl sorgen, sogar flächendeckend, wenn die Nagerfamilie sich drastisch vermehrt hat.

8. Tomate und Basilikum

Tomate und Basilikum schmecken nicht nur gut zusammen, das Basilikum vertreibt zudem die lästige Weiße Fliege (Trial-

eurodes vaporariorum), die aber gar keine Fliege ist, sondern eine Mottenschildlaus. Auch zwischen Kohl und Gurken vergrault Basilikum die Weiße Fliege, mit ihrer starken Sprungmuskulatur ist sie auch rasch fort. Genügend aussäen, denn von der Gewürzpflanze kann man nie genug haben.

9. Bohnenkraut und Bohnen

Bohnenkraut ist nicht nur ein schmackhaftes Küchengewächs, sondern hat einen gärtnerischen Mehrwert: Es schützt durch seinen ätherischen Duft die Bohnen vor der Schwarzen Bohnenlaus (*Aphis fabae*).

10. Pfefferminze und Radieschen / Salat

Durch den starken Mentholgeruch der Pfefferminze werden Erdflöhe (*Psylliodes*) aus der Nähe von Radieschen und Salat vertrieben. Nachteilig ist aber, dass die Pfefferminze stark wuchern kann.

Natürlich gibt es noch mehr gute nachbarschaftliche Beziehungen im Gemüsebeet, es gibt aber auch bestimmte Pflanzen, von denen man genau weiß, dass sie sich nicht besonders gut miteinander vertragen:

Pflanze	Gute Nachbarn	Schlechte Nachbarn
Buschbohnen	Bohnenkraut, Erdbeeren, Gurken, Sellerie, Rote Bete, Kohlarten, Kopfsalat, Pflücksalat, Tomaten	Erbsen, Fenchel, Knoblauch, Lauch, Zwiebeln
Erbsen	Dill, Fenchel, Gurken, Kohlarten, Mais, Möhren, Kohlrabi, Kopfsalat, Radieschen	Bohnen, Knoblauch, Lauch, Tomaten, Zwiebeln

Erdbeeren	Borretsch, Knoblauch, Kopfsalat, Radieschen, Schnittlauch, Spinat, Zwiebeln	Kohlarten
Kartoffeln	Dicke Bohnen, Kohlarten, Kohlrabi, Kümmel, Mais, Tagetes, Spinat	Kürbis, Tomaten, Sellerie, Sonnenblumen
Knoblauch	Erdbeeren, Gurken, Himbeeren, Lilien, Möhren, Rosen, Obstbäume, Tomaten, Rote Bete	Erbsen, Kohlgewächse, Stangenbohnen
Weißkohl, Rotkohl, Kohlrabi	Bohnen, Dill, Endivien, Erbsen, Kartoffeln, Kopfsalat, Lauch, Sellerie, Spinat, Tomaten	Erdbeeren, Knoblauch, Senf, Zwiebeln
Salat	Bohnen, Dill, Erbsen, Gurken, Kohl, Lauch, Möhren, Tomaten, Zwiebeln	Petersilie, Sellerie
Lauch	Erdbeeren, Kohl, Kopfsalat, Möhren, Sellerie, Tomaten	Bohnen, Erbsen, Rote Bete
Möhren	Dill, Erbsen, Knoblauch, Lauch, Radieschen, Zwiebeln, Schnittlauch	
Radieschen / Rettich	Bohnen, Erbsen, Kohl, Kopfsalat, Möhren	Gurken
Sellerie	Spinat, Buschbohnen, Gurken, Kohl, Lauch	Kartoffeln, Kopfsalat, Mais
Tomaten	Buschbohnen, Knoblauch, Kohl, Kohlrabi	Erbsen, Fenchel, Kartoffeln

Apropos Gemüsebeet: Die verbreitete Meinung, dass Gemüsegärten im Herbst umgegraben werden sollten, ist nicht ganz korrekt. Für den Gartenboden ist es besser, wenn er mit der Grabegabel nur gelockert wird, sodass er Luft bekommt. Umgraben bringt das Bodengefüge durcheinander.

KAPITEL 12

GRÜNES IN DEN EIGENEN VIER WÄNDEN

Wir sollten mit offenen Augen durch die Welt der Pflanzen gehen und ihnen mehr Respekt entgegenbringen. Viele Forscher haben die spannendsten Erkenntnisse zutage gebracht, aber ich habe das Gefühl, dass die Menschen noch nicht so weit sind, diese für sich zu verinnerlichen.

Wissenschaftlich ist erwiesen, dass Patienten, die in einem Zimmer mit Blick auf viel Grün lagen, sich viel schneller von einer Operation erholten und weniger Schmerzmittel brauchten als jene Kranken, die in ähnlichen Räumen mit einer Aussicht

Grüner Buchsbaumgarten

auf Gebäude untergebracht waren. Wer nachweislich auf viel Grün guckt, lebt sogar länger. In Japan wurden Langzeitstudien von Leuten gemacht, die über Jahrzehnte in einer Wohnsiedlung lebten und von ihren Fenstern aus nur auf Beton schauten. Sie hatten eine nicht so hohe Lebensdauer wie Menschen, die vor ihrem Haus einen Wald oder wenigstens Bäume vor Augen hatten. Und joggen Sie einmal in der Woche für eine halbe Stunde durch den Wald, haben Sie doppelt so viel Abwehrstoffe in Ihrem Körper wie jemand, der es vorzieht, nur durch Fußgängerzonen zu schlendern.

Wenn Sie keinen Garten haben, so holen Sie sich Zimmerpflanzen in Ihre Wohnung. Sie reinigen die Luft, bringen Luftfeuchtigkeit, machen ein tolles Klima. Doch der Pflanze muss es bei mir gefallen. Wenn ich gern gieße, muss ich mir auch eine Pflanze aussuchen, die daran Gefallen findet. Wenn Gießen nicht zu meinen großen Leidenschaften gehört, suche ich mir Pflanzen aus, die Trockenzeiten aushalten. Doch welche Pflanze passt zu mir?

Menschen, die einen grünen Daumen haben, so sagt eine Redewendung, haben ein besonderes Talent für Gartenarbeit, ein besonderes Händchen für ihre Pflanzen im Haus und auf dem Balkon. Ihre Blumen werden besonders schön, ihr Gemüse besonders knackig, ihr Obst besonders lecker. Aber stimmt dies, gibt es tatsächlich den grünen Daumen? Ja, er existiert, aber den grünen Daumen hat jeder. Es gibt niemanden, der keinen grünen Daumen hat. Wichtig ist nur, dass man sich darauf einlassen muss, einen solchen zu haben.

Viele Leute kümmern sich viel zu viel um ihre Pflanzen, ständig betüdeln sie sie, als wären sie ein Vogel, der aus dem Nest gefallen ist. Manchmal muss man die Pflanze einfach Pflanze sein lassen. Die macht ihr Ding schon. Wenn ich ab und zu daran denke, ihr Wasser und Dünger zu geben, reicht das aus.

Dann habe ich manchmal mehr Erfolg, als wenn ich jeden Tag nach ihr schaue, jeden Tag den Finger in die Erde stecke, um zu überprüfen, ob sie noch nass genug ist.

Manchmal kann ein Telefonanruf Leben retten, auch ein Pflanzenleben. Jule Anderleit rief mich aus Bad Doberan an, einer Stadt im Landkreis Rostock in Mecklenburg-Vorpommern.

«Vor nicht allzu langer Zeit», erzählte sie, «haben wir eine ungefähr einen Meter fünfzig große Geigenfeige aus einem Blumenfachgeschäft bei uns aufgenommen.» Sie wusste sogar den lateinischen Namen für diesen Gummibaum mit den geigenkastenförmigen Blättern: *Ficus lyrata*. Unter den Ficusarten ist die Geigenfeige die größte Variante. Ich ging davon aus, dass Jule Anderleit und ihre Familie in hohen Räumen lebten, vielleicht in einer der schönen alten Villen, die es in Bad Doberan gibt. «Leider vertrocknen nach und nach die Blätter», fuhr sie fort. «Am Rand fängt das an, dann rollen sich an den Blattenden die Blätter kugelförmig ein, und später fallen sie ab. Ich schicke Ihnen zwei Schadbilder per WhatsApp, damit Sie sich das angucken können. Eigentlich habe ich darauf geachtet, dass die Pflanze nicht zu viel Wasser bekommt, und das Substrat habe ich vor dem erneuten Gießen immer erst antrocknen lassen. Was könnte dem Ficus bloß fehlen?»

«Ich schaue mir Ihre Fotos an, dann rufe ich Sie gleich wieder an», erklärte ich.

Fast alle Gummibaumarten leiden darunter, wenn sie nicht die richtige Nahrung bekommen. Prunkt die Birkenfeige, der *Ficus benjamini*, gerade gekauft mit Tausenden von hübschen grünen, elliptisch geformten Blättern, die oft verschiedene Grüntöne aufweisen, so liegen oft schon nach wenigen Tagen die ersten Blätter unter dem Baum. Und es wird nicht besser, das Drama nimmt seinen Lauf. Die erste Überlegung, die die

meisten Ficusbesitzer machen, betrifft den Standort. Und so folgt die erste Maßnahme, eine Umsiedlung an einen helleren Platz. Und wie dankt er es ihnen? Der Ficus schmeißt ihnen noch mehr Blätter vor die Füße, bald sieht die immergrüne Pflanze aus wie ein gerupftes Huhn. Ratlos stehen die Ficusliebhaber da, raufen sich die Haare, verlieren vielleicht sogar Haare, gleichen äußerlich immer mehr ihrer Pflanze. Sosehr sie auch helfen wollen, es bleibt unverständlich, worin das Problem dieses Gummibaums besteht. Die Lösung liegt auch nicht auf der Hand, es betrifft das Calcium: nicht, weil es zu viel davon gibt, sondern weil es nicht vorhanden ist. Calcium ist ein wichtiger Baustein der Zellwände und stärkt den Aufbau der Pflanze. Hat der Ficus ausreichend Calcium, kann man ihn so viel umstellen, wie man will, er verliert kein einziges Blatt.

Das sagte ich dann auch Jule Anderleit, nachdem ich mir die beiden Bilder angesehen hatte: «Versuchen Sie es mit einer regelmäßigen Düngergabe, am besten mit einem Flüssigdünger, der eine Extraportion Calcium enthält. Den fügen Sie jedes Mal dem Gießwasser zu. Ich verspreche Ihnen, dass Ihr Ficus lyrata so in die Höhe wachsen wird, dass Sie bald ein Loch in die Decke schneiden müssen.»

WELCHE ZIMMERPFLANZE PASST ZU MIR?

Für Ungeübte:

die Grünlilie (*Chlorophytum comosum*)

Herrscht zu Hause oder im Büro dicke Luft, kann die Grünlilie für ein besseres Klima sorgen – wegen ihres häufigen Vorkommens nannte man sie früher auch «Beamtengras» oder «Beamtenpalme». Wer den ganzen Tag in der Nähe eines Druckers seinen Arbeitsplatz hat, kann schnell Kopfschmerzen bekommen. Dagegen hilft die robuste Grünlilie mit den dekorativen hellen Streifen in der Blattmitte.

Sie gehört, man glaubt es kaum, zur Familie der Spargelgewächse. Spargel ist essbar und gesund, aber die Grünlilie sollte man besser nicht verzehren. Sie tut andere heilsame Dienste; zu ihren Vorzügen gehört, dass sie in der Lage ist, Schadstoffe wie Formaldehyd aus der Luft zu filtern. Und wer von sich behauptet, kein Glück mit Pflanzen zu haben, der wird bei dem gräserartigen Gewächs feststellen, dass auch er einen grünen Daumen hat. Die Grünlilie verzeiht fast alles, wenn sie nur ab und zu Wasser und Dünger bekommt. Dann vermehrt sie sich und wächst unaufhaltsam ... Das Wachsen und Vermehren ist ein Erfolg, bedeutet dies doch, die Pflanze ist nicht eingegangen! Einen grünen Daumen kann man auch an einer derartigen Tatsache messen. Wer die dicksten Kartoffeln erntet, hat nach dieser Definition ebenfalls einen grünen Daumen. Man sagt nicht umsonst: «Die dümmsten Bauern ernten die dicksten Kartoffeln.» Dabei sind es nicht die «dümmsten Bauern», sondern nicht selten die klügsten, und zwar deshalb, weil sie nicht so viel machen. Manchmal ist weniger mehr.

Für Aquarianer:

das Fensterblatt (*Monstera deliciosa*)

Der französische Maler Henri Matisse war gefesselt von dieser Pflanze, meterhoch hatte er das Fensterblatt in seinem Atelier stehen, verewigte sie immer wieder auf seinen Bildern. Und Picasso erzählte einmal, wie er seine Monstera in die Badewanne gestellt hätte, als er für einige Monate auf Reisen war – bei seiner Rückkehr habe sie das ganze Badezimmer in Beschlag genommen und ihn beinahe aufgefressen.

Die immergrüne Kletterpflanze ist aber nicht nur für Maler eine ornamentale Freude gewesen, sie ist perfekt für Aquarianer, denn sie bildet Luftwurzeln, die im Wasser eines Fischbeckens hängen sollten. Auf diese Weise entzieht sie dem Aquarienwasser Giftstoffe wie Nitrat und Nitrit und verwertet die Salze der Salpetersäure als Nahrung. *Monstera* wurde sie genannt, weil die großen, geschlitzten Blätter aussehen wie Monster, und *deliciosa*, weil ihre aronstabähnliche Frucht deliziös schmeckt (man kann aber nur das Innere der Frucht essen und auch nur dann, wenn sie vollkommen reif ist). Für das Fensterblatt ist der vermeintliche grüne Daumen ebenfalls nicht so wichtig, sie ist ähnlich genügsam wie die Grünlilie. Doch je grüner der grüne Daumen ist, umso größer wird die Pflanze, manchmal sogar mehrere Meter hoch. Bleibt noch die Frage: Wuchs sie in Picassos Badezimmer so raumergreifend, weil der Maler nicht da war oder weil er diesen grünen Daumen hatte?

Für Fachwerkhausbesitzer und Vielflieger:
die Schusterpalme (*Aspidistra elatior*)
Wer in einem Haus mit kleinen Fenstern und wenig Licht
wohnt, wird mit dieser unkomplizierten und robusten
Pflanze, die sich durch lange grüne Blätter auszeichnet –
sehr dekorativ –, einen guten Mitbewohner haben. Sie
sieht wie eine Palme aus, gehört aber auch zu den Spargel-
gewächsen. Einst wurde sie Schusterpflanze genannt,
weil sie noch in jeder schummrigen Schusterwerkstatt
zu finden war. Gießfaule kommen hervorragend mit ihr klar,
denn zu viel Wasser verträgt sie nicht. Menschen, die
viel unterwegs oder beruflich auf Reisen sind, werden
mit ihr keine Schwierigkeiten erleben, denn sie ist nicht
unterzukriegen.

Für coole Typen:
das Zimmer-Alpenveilchen (*Cyclamen-persicum*-Hybriden)
Leider werden Alpenveilchen ein wenig stiefmütterlich
behandelt, was daran liegt, dass sie häufig als Lieblinge
der Großmütter angesehen werden und damit als alt-
backen. Aber da Retro im Trend liegt, sollte man sich
dieser Pflanze unvoreingenommen nähern, sie hätte es
verdient, mal wieder Kultstatus zu erreichen. Für mich ist
das Alpenveilchen eine schöne und haltbare Blühpflanze,
die kühle Fensterbänke liebt. Das allein ist Grund genug
für hippe Pflanzenliebhaber, sie zu sich ins Loft zu holen.
Alpenveilchen kommen mit wenig Wasser aus, verzeihen
Partygängern, wenn ihre Nächte zu lang waren, um sich
tagsüber um Pflanzen zu kümmern.

Für die elegante Frau, den eleganten Mann:
die Nachtfalter-Orchidee (*Phalaenopsis*)

Überraschte man vor zwanzig Jahren die (künftige)
Schwiegermutter bei einem Besuch mit einer Orchidee,
stieg man schlagartig in ihrer Gunst. Heute wird der,
der eine solche Pflanze als Mitbringsel überreicht, eher
mitleidig betrachtet. Gab die Geldbörse denn wirklich nicht
mehr her? Zum Ärger der Gärtner sind Orchideen in den
letzten Jahren stark im Preis gesunken. Unabhängig von
ihrem Werteverfall und Börsenkurs werden sie von Frauen
noch immer heiß begehrt, Männer gucken eher skeptisch
auf diese eleganten, fragilen und blühfreudigen Gebilde.
Gut, als Haarschmuck einer Braut kann man Orchideen
noch durchgehen lassen, aber ansonsten? Ist das überhaupt echt, ist die Pflanze nicht aus Plastik? Somit bleiben
elegante Orchideen wohl dauerhaft etwas für elegante
Damen. Diese favorisieren sie auch wegen der einfachen
Pflege. Vorher muss aber geklärt sein, wie viel Wasser
sie verträgt. Jede Woche ein Schnapsglas voll – oder besser
einmal wöchentlich mit ihr auf Tauchstation gehen?
Meine Antwort: Das hängt davon ab, wo die Orchidee
steht. Je heller, umso mehr Wasser braucht sie. Viel
wichtiger ist jedoch, dass stets Licht an die Luftwurzeln
kommt, denn sie sind die Speicherorgane für Wasser und
Nährstoffe zugleich. Was bedeutet, dass Orchideen den
lebenswichtigen Prozess der Photosynthese nicht nur über
die Blätter betreiben, sondern ebenso in diesen Luftwurzeln. Bei der Photosynthese produzieren Pflanzen aus
Wasser, Kohlendioxid und Lichtenergie den Zucker Glucose
und Sauerstoff, wobei der Sauerstoff für Pflanzen ein

Abfallprodukt ist. Regelmäßiges Düngen schadet bei dieser Pflanze nicht.

Für Kundenfänger:
der Bogenhanf (*Sansevieria*)
Dieses kultivierte Spargelgewächs ist ideal für den Geschäftsmann oder die Geschäftsfrau in Räumen, in denen Kunden begrüßt werden, es eignet sich aber auch für den modernen Haushalt. Mit über siebzig Sorten steht diese stilvolle Pflanze in Wartebereichen und Empfangshallen, sie hält das Raumklima angenehm und lässt gestresste Besucher beim Anblick der hochgewachsenen grünen Blätter sofort ruhig werden. Den Bogenhanf kann man sich auch passend zur Inneneinrichtung oder nach eigenen ästhetischen Maßstäben halten: Bevorzuge ich ein dunkleres Blatt, sollte die Pflanze mehr in der Raummitte ihren Standort haben, möchte ich lieber ein helles Blatt, steht sie am Fenster genau richtig.

Für Filmfans:
die Kentia-Palme (*Howea*)
Wer Hollywood-Filme liebt, sollte sich diese Palme ins Haus holen. In den USA wird sie auch «Hollywood-Palme» genannt, weil sie in zahlreichen Filmen als grünes Requisit verwendet wird, gerade in Hotelhallen ist dieser stumme Statist mit den gefiederten Blättern ein Blickfang. Dabei ist die tropische Topfpflanze auf den Lord-Howe-Inseln beheimatet, die rund 700 Kilometer östlich von Sydney liegen. Die Kentia-Palme kann aber nicht nur hübsch aussehen, ihre großen, ständig nachwachsenden Wedel

reinigen die Luft von Schadstoffen und produzieren über-
durchschnittlich viel Sauerstoff. Das sorgt für ein gesundes
Raumklima und reduziert nachweislich Stress. Nichts kann
Sie dann mehr auf die Palme bringen. Wird die Pflanze
richtig gepflegt, kann sie problemlos stattliche vier Meter
erreichen, ist also eine Anschaffung fürs Leben. Wöchentlich gegossen mit ein wenig Dünger, dazu ein heller
Standort ohne direkte Sonneneinstrahlung – und die Palme
fühlt sich wohl. Einen ausgetrockneten Wurzelballen mag
sie nicht, besprühen Sie sie im Sommer ab und zu mit
Regenwasser. Das sind aber auch schon alle Staralüren,
die die Palme hat. Sie konzentriert sich lieber auf den
nächsten Dreh.

Um hier mit einem weitverbreiteten Mythos aufzuräumen:
Hornspäne bewirken in einem Balkonkasten nur wenig. Damit sie als Gartendünger aktiv werden, müssen diese erst von
organischen Mikroorganismen in für Pflanzen verfügbare mineralische Nährstoffe umgewandelt werden. Dazu sind einige
Voraussetzungen notwendig, etwa Wärme, Feuchtigkeit und
Sauerstoff. Steht dieser Dünger endlich den Pflanzen in Blu-
menkästen zur Verfügung, ist die Balkonzeit schon fast vorbei.
Die Nährstoffe wandern dann in die Grüne Tonne. Also lieber
zum passenden Flüssigdünger greifen.

KAPITEL 13

WENN DAS GROSSE KRABBELN BEGINNT

Es war eine kurze Anreise. Meine Patienten standen diesmal stark verwurzelt in der alten Gärtnerstadt Wolfenbüttel, fünfzehn Kilometer von meinem Zuhause entfernt. Übers Internet kam im Spätfrühling der Hilferuf. «Hallo, hier schreibt Familie Rilke aus Wolfenbüttel. In unserem Garten leben gefräßige Insekten, die unseren Garten auffuttern. Wir können aber leider nichts finden, weder Schnecken, Raupen noch Käfer sind zu erkennen. Wir brauchen dringend Ihre Hilfe.»

Am nächsten Tag suchte ich Familie Rilke in ihrem Garten auf, ein typischer Hausgarten, zirka 500 bis 600 Quadratmeter groß, mit einer Ligusterhecke eingefasst, verschiedene Sträucher wie lilafarbener Flieder, dunkelrote Weigelie und gelbe Forsythien, dazu einige Rosen.

«Gut, dass Sie da sind», begrüßte mich Frau Rilke, ich schätzte sie auf Anfang vierzig, blonde Haare, die fast mit den Forsythien verschmolzen, sie wirkte zupackend, trug Jeans und ein dunkelgrünes Twinset. «Schauen Sie sich die Pflanzen an! Alle Blätter sind angefressen, die Ligusterhecke, der Flieder, überall sieht man die Fressstellen, mal mehr, mal weniger. Die Plagegeister scheinen richtig Hunger zu haben.»

An den Blättern erkannte ich den charakteristischen Buchtenfraß mit seinen halbkreisförmigen Stellen, es sah aus, als hätte ein Schaffner, wie früher üblich, mit seinem Knipser eine Fahrkarte entwertet. Diese unschönen Buchten gaben einst der Krankheit ihren Namen. Ab Mai ist der Übeltäter im Einsatz, der für diese massiven Schäden verantwortlich ist, und so klein er

Fraßschaden durch den Dickmaulrüssler

ist, etwa einen Zentimeter groß, er verputzt Unmengen. Der Dickmaulrüssler (*Otiorhynchus sulcatus*) ist überhaupt kein sympathischer Zeitgenosse, er besitzt gelbbraun gefleckte Flügeldecken, und mit seinem langen, vorstehenden Rüssel und seinen ausgeprägten Mundwerkzeugen sieht er richtig gefährlich und fies aus. Zudem ist der Käfer noch nachtaktiv. Sobald es dämmert, kommt er aus seinen diversen Verstecken gekrochen und macht sich über die Blätter her. Dabei ist er nicht wählerisch, fast hundert Arten steuert er an, angefangen bei der Eibe, die ja extrem giftig für uns Menschen ist, über den Kirschlorbeer, Rhododendron, Flieder, Liguster bis zu Rosen und Erdbeeren, alles wird verputzt.

Aber der hemmungslose Fraß ist nicht das Schlimmste, was der Dickmaulrüssler in petto hat. Die weiblichen Käfer können in ihrer ungefähr zweijährigen Lebenszeit bis zu tausend Eier ablegen. Dafür haben sie sich auch einen grandiosen Platz ausgesucht, sie machen dies im Boden, direkt an den Wurzelhälsen der Pflanzen. Der Pflanzenfreund ist dann oft am Ende mit seinen Nerven, denn die gekrümmten Larven mit ihrem braunen Kopf sind fast so groß wie ihre Eltern und laben sich unterirdisch an den Pflanzenwurzeln. Ein Absterben ist vorprogrammiert.

Frau Rilke schüttelte den Kopf, nachdem ich ihr von dem Wüstling in ihrem Garten erzählt hatte. «Aber warum haben wir ihn nicht zu Gesicht bekommen, als wir den Garten nach Schädlingen durchkämmten? Wir haben selbst in der tiefsten Finsternis mit einer Taschenlampe das Blattwerk vom großen Flieder abgeleuchtet, da war nichts. Kann das Vieh etwa fliegen?»

«Nein», erklärte ich, «das kann es nicht. Aber diese Käfer sind äußerst flink, sie sind bei ihrer Größe Rekordmeister im Laufen. Wenn sich jemand ihrer Fressstelle nähert, lassen sie sich gewitzt, wie sie sind, sofort fallen und flitzen in ihre Verstecke.»

Inzwischen war Herr Rilke zu uns getreten, ein breitschultriger Mann, dem man ansah, dass er nur zu gern kurzen Prozess mit den dunklen Gesellen gemacht hätte. Mit dem im realen Leben hilf- und rastlos wirkenden Dichter Rainer Maria Rilke hatte dieser Mann nicht die geringste Ähnlichkeit.

«Wie kann ich diesen Kerlen zeigen, dass sie nicht länger hier in unserem Garten den Ton angeben? Diesem Treiben kann ich doch nicht länger zugucken.» Herr Rilke war zum Äußersten bereit, das brachte er auch mit einer drohend klingenden Stimme zum Ausdruck. Ich konnte mir vorstellen, dass er sogar jeden einzelnen Käfer aufspießen würde, wenn er die kleinen Plagegeister nur erwischen würde. Sein Herz hing an den Pflanzen. «Aber ich will keine Chemie im Garten haben, deshalb haben wir uns an Sie gewandt.»

«Es gibt verschiedene Methoden», sagte ich. «Am besten ist die, den Fressfeinden des Käfers Raum in Ihrem Garten zu geben. Dazu gehören Igel, Kröten, Laufkäfer, Maulwurf und Spitzmäuse. Damit die sich hier wohl fühlen, müssten sie aber mehr Nischen für diese Tiere in Ihrem Garten schaffen. Und nachts mit einer Taschenlampe auf Käferfang zu gehen, war auch keine schlechte Idee, aber das müssten Sie dann quasi auf Strümpfen tun. Leise heranschleichen, damit die Käfer nicht den Absprung machen.»

Frau Rilke stöhnte: «Gibt es nicht was Einfacheres?»

Ich lachte. «Doch! Legen Sie feuchte Bretter oder Tontöpfe mit Holzwolle als Versteck aus, und am Vormittag schauen Sie unter diese und sammeln die Käfer ein. Bei den Larven funktioniert eine biologische Bekämpfung mit Fadenwürmern, den Nematoden.»

«Nematoden, das glaube ich nicht. Das sind doch so parasitäre Dinger. Die will man doch gar nicht im Garten haben.» Herr Rilke schaut mich an, als wolle ich ihn auf den Arm nehmen.

«Richtig», sagte ich. «Manche Arten sollten sich besser nicht in den eigenen Garten wagen, das sind etwa jene der Gattungen *Ditylenchus*, *Pratylenchus* oder *Meloidogyne*, aber diese Namen müssen Sie sich nicht merken. Sie haben einen Mundstachel, und mit dem durchdringen sie Pflanzengewebe, sondern ein Sekret ab, das leider zu unerwünschten Veränderungen führt. Für die Pflanze kann das sogar ihren Tod bedeuten. Aber daneben gibt es auch Nützlinge unter den Fadenwürmern, da haben sich die Nematoden *Steinernema kraussei* oder *Heterorhabditis bacteriophora* mehr und mehr bewährt.»

«Und die kann man kaufen?»

«Ja, im Gartencenter oder im Gartenfachhandel. Diese Nematoden werden mit Wasser angerührt und mit der Gießkanne auf die Pflanzflächen verteilt. Danach bewegen sie sich mit schlängelnden Bewegungen durch den feuchten Boden und dringen mit ihrem räuberischen Stachel in die Larven ein. Dort vermehren sie sich nur zu gern, mit der Folge, dass die Larve dieser feindlichen Besetzung nicht gewachsen ist und stirbt. Nach zwei bis drei Wochen verlassen die Fadenwürmer die abgestorbene Larve, um sich eine neue zu suchen. Das Spiel beginnt von vorne, die Larven haben auf Dauer keine Chance.»

«Davon habe ich noch nie etwas gehört.» Herr Rilke schüttelte den Kopf. «Scheint eine etwas andere Art zu sein, die Plagegeister loszuwerden. Das haben Sie sich nicht gerade ausgedacht, weil Sie das in einem Gruselfilm gesehen haben? Nematoden, sind das womöglich Bewohner eines anderen Planeten?»

«Keineswegs», erwiderte ich. «Es ist nur die lateinische Bezeichnung für die Fadenwürmer. Die meisten Leute denken wie Sie, es seien Schädlinge, aber es gibt von dieser Tiergruppe über 200 000 Arten, und einige von ihnen sind eben auch sehr nützlich. Eine Bodentemperatur von 15 Grad Celsius wäre dabei optimal für eine gute Wirksamkeit. Die Nematoden können auch bei Zimmer- und, Kübelpflanzen eingesetzt werden, in Wintergärten, in Gewächshäusern oder wie bei Ihnen im Garten. Sie wirken nicht nur beim Dickmaulrüssler, sie futtern auch die Eier von Schnecken und dezimieren Engerlinge.»

«Und die Fadenwürmer fressen uns auch nicht von innen auf?» Frau Rilke blickte besorgt zu mir hinüber. «Meine Tochter hatte mal Würmer, das war nicht lustig.»

«Sie brauchen keine Angst zu haben, die Arten, die ich Ihnen genannt habe, befallen keine Menschen. Ich habe jedenfalls noch nie von einem solchen Fall gehört.»

«Und Sie meinen, mit dieser etwas schrägen Maßnahme werde ich die Käfer los?» Herr Rilke schien langsam Gefallen an dem Gedanken zu finden, nicht selbst Hand anlegen zu müssen.

«Es gibt im Moment keine bessere Möglichkeit», sagte ich. «Im Profi-Gartenbau werden die Nematoden seit Jahren erfolgreich eingesetzt.»

«Dann auf ins Gartencenter!» Herr Rilke wandte sich an seine Frau: «Aber fürs Anrühren der Dingsda bist du zuständig, ich gieße lieber.»

«Etwas anderes hätte ich auch nicht vermutet», erwiderte sie, «die Arbeitsteilung kenn ich schon.»

«Wo Sie aber gerade hier sind», fuhr Herr Rilke in meine Richtung fort, «können Sie sich nicht noch unseren Ranunkel-strauch anschauen? Eigentlich wächst er wie Unkraut, nur in diesem Jahr sieht er sehr traurig aus und lässt alle Blätter fallen.»

«Sicher, mache ich gern.»

Zu dritt betrachteten wir die Kerria japonica, ein Blütenge-wächs, das ursprünglich aus China kommt und sehr hübsch ist, wenn es wie jetzt im Frühjahr voll von kleinen goldgelben Blüten ist – oder besser sein sollte. Es gab schon Blüten, nur nicht in der üblichen Üppigkeit, und die Blätter, die noch nicht abgefallen waren, waren von vielen kleinen rotbraunen Flecken übersät, gut von beiden Seiten zu erkennen, jedoch nicht scharf begrenzt, zum Teil auch zusammenfließend, vermehrt am Blattrand.

«Und, was meinen Sie?», fragte Herr Rilke.

«Im ersten Moment hatte ich auf die Sprühfleckenkrankheit getippt, sie tritt in letzter Zeit häufig an Kirschbäumen auf. Aber hier handelt es sich wohl um einen Pilz (Blumeriella kerriae), der nur an dem Ranunkelstrauch vorkommt. Der Pilz ist nicht so leicht zu identifizieren, denn in Europa hat er sich bislang nicht sehr verbreitet, eher an der Ostküste der USA, deshalb kann er bei uns leicht mit anderen Schädlingen verwechselt werden. Ich habe sein Krankheitsbild auch noch nicht häufig gesehen.»

«Und dieser Pilz sucht sich wirklich nur den Ranunkelstrauch aus?», fragte Frau Rilke.

«Von anderen Wirtspflanzen weiß ich nichts.»

«Kann man denn was gegen den Pilz unternehmen?» Herr

Rilke war ja schon gedanklich auf dem Sprung ins Gartencenter, da wollte er gleich etwas für seinen Strauch mitbesorgen.

«In diesem Fall können Sie nur die Schere in die Hand nehmen und alle betroffenen Triebe zurückschneiden. Die Blätter aber bitte nicht auf den Kompost entsorgen, sondern in den Hausmüll tun. Der Pilz kann sogar an völlig vertrockneten Blättern überwintern.» Zum Abschluss empfahl ich den Rilkes die Blätter am Strauch regelmäßig mit einem Sud aus Acker-Schachtelhalm einzusprühen (siehe S. 92), um die Pflanze widerstandsfähiger zu machen.

Noch ein Wort zum Kompost: Komposthaufen sind Massengräber. Wenn irgendetwas nicht mehr schick aussieht, wird es gleich weggeschmissen. Viele Rosen, die in meinem Garten wunderbar blühen, habe ich irgendwo auf Komposthaufen entdeckt, gerettet und mit nach Hause genommen. Ihre einstigen Besitzer hatten nichts dagegen, sie hatten sie ja sowieso nicht mehr haben wollen und achtlos behandelt. Manchmal glaube ich, dass die Pflanzen das verstehen: Dort, wo man ihnen mit Pflege und Liebe begegnet, können sie sich wieder erholen und sich voll entfalten. Ihr Ausdruck dafür, dass sie sich wohl fühlen.

KAPITEL 14

SCHÄDLINGE – ODER WER SIND DIE GUTEN, WER DIE BÖSEN?

Bei der Bekämpfung von Bodenschädlingen gilt es, mit Bedacht vorzugehen. Denn jede Gegenmaßnahme hat auch Folgen für das ökologische Gleichgewicht. Gartenfreunde neigen leicht dazu, alles, was im Boden lebt und unsere mühevolle Gartenarbeit von unten angreift, als Bodenschädlinge zu bezeichnen. In unseren Gartenböden sollte es aber nur so wimmeln von Lebewesen! Denn das ist der Indikator dafür, dass wir einen gesunden Gartenboden besitzen. Nur so können wir eine gute Ernte erwarten.

Millionen von Pilzen und Bakterien, die wir mit unseren Augen nicht sehen können, tummeln sich in einem Teelöffel voll Erde, aber auch Engerlinge, die sich von unten unsere Rasenwurzeln schmecken lassen, und Maulwurfsgrillen, die aussehen, als hätten sie es einst mit Dinosauriern aufgenommen und als David den Goliath bekämpft, und die die meiste Zeit ihres Lebens unter der Erde leben, gehören zu unserem Gartenboden dazu. Die Natur hat in ihrem ausgeklügelten System Platz für alle geschaffen.

Ich persönlich bin immer bereit, einen Teil meiner Ernte der Natur zu überlassen. Jeder, der das ebenfalls tut, ist schon ein Stück weiter im ewigen Kampf um die beste Ernte. Viele Bodenlebewesen werden von uns zu Schädlingen degradiert, weil wir uns zu wenig mit ihnen auseinandersetzen. Und was wir auch gern vergessen und ich immer wieder betone: Im Laufe der Evolution haben Pflanzen ja Möglichkeiten entwickelt, sich vor

Fressfeinden zu schützen. Ihre Strategien können wir uns zunutze machen. Lernen wir von ihnen, verstehen wir auch, sie zu schützen, ohne unsere Umwelt zu belasten.

Einige Bodenlebewesen haben wir unwissend aus unseren Gärten vertrieben, ohne die daraus resultierenden Konsequenzen zu beachten. Denn ist eines verschwunden, wird sich ein anderes dafür vermehren. Auch die Plagegeister haben gelernt, dass nicht alles schmeckt und verträglich ist. Ein wichtiger Grund, dass sich Schädlinge nicht so schnell vermehren, ist: Viele uns bekannte Gartenschädlinge haben sich auf bestimmte Pflanzen spezialisiert. Die beste Gegenmaßnahme ist, eine große Vielfalt an Pflanzen im Garten anzusiedeln. Der schon erwähnte Rainfarn zum Beispiel sollte in keinem Garten fehlen. Er vertreibt so manche saugende und beißende Mitesser.

Hier möchte ich einige vorstellen:

Der Drahtwurm, die Larve des Saatschnellkäfers

Gut zu erkennen ist der Saatschnellkäfer (*Agriotes lineatus*) an den längs verlaufenden Linien auf den Flügeldecken. Der ovale Körper ist nicht sehr groß, er kommt höchstens auf zehn Millimeter. Er heißt Schnellkäfer, weil er schlagartig mit einem Klickgeräusch in die Luft schnellt und sich umdreht, sollte er auf dem Rücken liegen. Die Käfer mögen Blätter von Leguminosen (Schmetterlingsblütlern), dazu gehören Bohnen, Lupinen oder Klee, sie sind aber auch nicht abgeneigt, sich über Gräser herzumachen. Die Schäden, die sie in unseren Gärten verursachen, sind eher unbedeutend – ganz im Gegensatz zu ihren Larven. Landwirten oder Gärtnerkollegen zufolge, mit denen ich gesprochen habe, gehören sie zu den größten Übeltätern im Boden.

Es ist schon ein wenig verwirrend, aber diese Larven haben einen eigenen Namen, sie werden Drahtwürmer genannt, wenig verwunderlich, sie ähneln einem Stück Draht mit ihrem gelben, harten Chitinpanzer. Sie bringen auch mehr Größe auf als die späteren Käfer, sie schaffen lässig 2,5 Zentimeter (die Käfer selbst werden höchstens 75 Millimeter lang).

Die Drahtwürmer leben im Boden und brauchen drei bis fünf Jahre, um sich zu verpuppen. In dieser Zeit fressen sie zunächst abgestorbenes Pflanzenmaterial, später aber auch lebende Pflanzen, weshalb sie so unbeliebt sind. Am liebsten mögen sie Weizen, Kartoffeln und Wurzelgemüse (es gibt auch Arten, die fressen sich gegenseitig auf, aber die kommen leider nicht in unseren Gemüsegärten vor, hier leben nur Veganer). Am wohlsten fühlen sich die Larven auf feuchtem Grünland, zum Beispiel auf umgebrochenem Gartenland mit Gründüngung. Es gibt viele natürliche Faktoren, die die Höhe der Fraßschäden an den Pflanzen beeinflussen, etwa ob das Gartenland frisch umgegraben ist oder ob dort vorher eine Wiese war. Wichtig ist auch, ob Klee als Gründüngung eingesetzt wurde, ob der Boden

Wurzelläuse

sehr feucht oder der pH-Wert neutral genug ist, denn Draht-würmer lieben sauren Boden. Eine Rolle spielt auch, wie es um die Artenvielfalt im Garten bestellt ist. Eine knackige Larve, voll mit Proteinen, ist ein toller Snack für die natürlichen Feinde der Drahtwürmer wie Eidechse, Spitzmaus, Igel, Maulwurf, Vögel, Maulwurfsgrille oder auch Hühner. Mit ihnen reduziert sich der Bestand der Schädlinge meist auf eine erträgliche Größe. Außerdem reguliert Gartenkalk den pH-Wert, und der Wohl-fühlfaktor ist gestört.

Bei einem starken Befall sollten Sie auf Gründüngung ver-zichten, dann finden die Larven weniger Nahrung. Setzen Sie Ringelblumen und Tagetes zwischen die Kulturen. Wenn die Larven an deren Wurzeln knabbern, überleben sie das nicht lange.

Sie können auch nach dem Umgraben von Rasenflächen erst Tagetes oder Ringelblumen als Zwischenfrucht säen oder mit Wurmfarn aus dem eigenen Garten mulchen.

Weiterer Tipp: halbe Kartoffeln oder Mohrrüben als Köder in den Boden graben, in die die Larven sich bohren.

Die Wurzellaus, eine Verwandte der Schmier- und Wolllaus

Es gibt über tausend Arten von Schmier- und Wollläusen. Die meisten sind an den oberirdischen Pflanzenteilen zu finden, doch eben nicht alle, die eine oder andere Laus zieht es in den Untergrund. Diese unterirdischen Unholde bezeichnet man als Wurzelläuse (*Pemphigus bursarius*), ihnen gefällt es prächtig in der Erde, wenn sie an Wurzeln saugen können – dummerweise nicht sichtbar fürs menschliche Auge. Wurzelläuse mögen Sa-lat, Möhren, Petersilie, Johannisbeeren, Wein, aber auch Zim-merpflanzen und sogar Kakteen, da ist man nicht wählerisch. Befallene Pflanzen kümmern vor sich hin, einige Arten haben sich auf geschwächte Pflanzen spezialisiert, sie werden von gelben Blättern geradezu magisch angezogen. Bei Zimmerpflanzen sind Wurzelläuse leichter zu erkennen. Durch kurzes Austopfen wird ein weißer Flaum an den Innenwänden des Topfes und an den Wurzeln sichtbar. Das sind klebende Wachsfäden.

Einige Wurzelläuse sind Wirtswechsler, im Laufe ihrer Entwicklung wechseln sie die Pflanzen, zu ihnen gehört die Wurzelhalslaus (*Dysaphis crataegi*). Ab dem Frühsommer fliegt sie vom Weißdorn in Gemüsegärten. Die wohl bekannteste Wurzellaus ist die Reblaus (*Viteus vitifoliae*). Einst hat sie den Winzern das Leben zur Hölle machen können. Durch das Saugen bildeten sich Knoten an den Faserwurzeln der Rebstöcke. Infolge der Verletzungen traten Pilze in das Pflanzengewebe ein, ganze Weinberge starben danach ab. Heute sind alle Weinstöcke auf widerstandsfähige Unterlagen veredelt.

Was kann ich tun, um diese unliebsamen Läuse aus der Erde zu bekommen, sodass sie erst gar nicht an die Wurzeln gehen?

1. Zimmerpflanzen mit warmem Wasser zusammen mit Rapsöl und Natur-Pyrethrum (siehe S. 114) einsprühen. Bei starkem Befall nach einer Woche wiederholen (bei Fertigprodukten nach Anleitung).
2. Im Garten: Boden gut lockern und regelmäßig gießen. Wurzelläuse mögen es – nicht anders als ihre oberirdischen Kollegen – schön trocken.
3. Mit einem Sud aus Rainfarn gießen (siehe S. 113).
4. Immer auf Wirtspflanzen achten. Also keine Möhren in der Nähe von Weißdorn pflanzen.

Engerlinge – nicht alle sind schädlich!

Stoße ich beim Graben auf Engerlinge, nehmen diese eine gekrümmte Haltung ein oder rollen sich mit ihrem dicken Hinterleib ein. Sind sie nun gut oder böse? Die Antwort ist etwas

Rosenkäferlarven (Cetoniinae)

kompliziert, denn nicht jeder Engerling ist eine Gefahr für den Garten. Der des farbenprächtigen Rosenkäfers (*Cetonia aurata*) ist nur rund einen Zentimeter groß und darf im Boden bleiben. Da die Larve sich auf dem Rücken fortbewegt, ist sie gut zu erkennen. Die Larve des Hirschhornkäfers (*Lucanus cervus*) ist mehrere Zentimeter groß. Diese Engerlinge ernähren sich von abgestorbenem Holz und sollten unbedingt im Garten belassen werden, denn sie werden immer seltener, da Totholz als Nahrungsgrundlage der Käfer in vielen Gärten fehlt. Der früher so gefürchtete drei Zentimeter große Feld-Maikäfer (*Melolontha melolontha*) ist leider auch aus vielen Gärten verschwunden. Tritt er vereinzelt auf, kann die Pflanze seine Fresslust kompensieren und lässt sich von ihm nicht weiter stören. In einigen Regionen tritt er epochal in Massen auf und kann dann Schäden verursachen. Für mich bleibt er aber der geliebte Maikäfer, und ich freue mich immer, wenn ich mal einen sehe. Anders ist es mit der Larve des Junikäfers, weniger trivial auch Gerippter Brachkäfer (*Amphimallon solstitiale*) genannt. Er ist halb so groß wie der Maikäfer, sein Engerling ist nur unwesentlich kleiner. Die

Larven fressen mit sensationellem Appetit an Rasenwurzeln. Dadurch entstehen große Kahlstellen. Natürliche Feinde wie Krähen, Waschbären oder Wildschweine wühlen auch gern das Grün nach ihnen durch.

Um sich davor zu schützen, hilft nur:

1. Die Engerlinge abzusammeln und woanders auszusetzen.
2. Nur im Notfall und bei sehr starkem Befall die Nematoden *Heterorhabditis* und *Steinemema* einsetzen. Achtung: Sie töten auch andere, nicht schädigende Larven.
3. Zehn Kilogramm Urgesteinsmehl (siehe S. 166) auf fünfzig Quadratmeter Rasenfläche verteilen. Das verdirbt den Engerlingen den Appetit auf Rasenwurzeln.
4. Gartenflächen mit einem Sud aus Knoblauch und Rainfarn spritzen, das treibt die lästigen Plagegeister in andere Bereiche. Für den Sud 50 Gramm getrockneten Rainfarn mit einer großen Knoblauchknolle in drei Litern Wasser zirka 30 Minuten köcheln lassen. Verdünnt auf 30 Liter reicht es für 50 Quadratmeter Garten.
5. Regelmäßige Bodenbearbeitung und die Käfer absammeln.

Maulwurfsgrille – Gegenspieler der Drahtwürmer

Das Zusammenspiel der im Boden lebenden Tiere ist sehr wichtig, um das ökologische System im Garten besser zu begreifen. Ein natürlicher Feind der Drahtwürmer ist die beeindruckend große Maulwurfsgrille (*Gryllotalpa gryllotalpa*), die allerdings einigen Gartenbesitzern gar nicht behagt. Ihr bis zu fünf Zentimeter großer Körper ist gedrungen, walzenförmig und erdbraun, die Vorderbeine sind zu Grabschaufeln geformt. Die Grille hat Flügel, ist aber kaum flugfähig. Die Tiere können sich in einer Nacht mit ihren Schaufeln über eine Strecke von bis zu vierzig Metern durch unterirdische Gänge wühlen, immer dicht unter der Oberfläche. Das läuft nicht immer unfallfrei ab, da kann schon mal eine Kollision mit Jungpflanzen oder der Einsaat im Gemüsebeet stattfinden. Ein Weibchen legt mehrere hundert Eier, ist also auch in dieser Hinsicht recht produktiv. Als Vegetarier treten sie nur im Notfall in Erscheinung, am liebsten fressen sie Insekten, Engerlinge, Schneckeneier, Larven und Würmer. Doch bei einem geringen Nahrungsangebot vertilgen sie auch mal Artgenossen, in allerletzter Instanz frische Pflanzenteile. Bevor man verhungert, muss eine Wurzel dran glauben.

In einigen Regionen können sie zur Plage werden, leider sind die kuriosen Urviecher aber vielerorts ausgerottet worden, weshalb die Maulwurfsgrille auf der Roten Liste steht, sie gilt als «stark gefährdet». Das recht große Insekt liebt feuchte Böden und Wasser, dort kann es sich genauso gut fortbewegen wie an Land. Aus diesem Grund werden Maulwurfsgrillen auch in manchen Regionen Erdkrebse genannt.

Anzeichen für ihre Tätigkeit sind:

1. Wenn man am Morgen Sämlinge durch Grabetätigkeiten aufgewühlt vorfindet.
2. Bei starkem Aufkommen und einem Kampf um die Fleischtöpfe werden die Wurzeln einiger Pflanzen bevorzugt, insbesondere die jüngerer Pflanzen in Gemüsekulturen, aber auch Kartoffelknollen, Getreidesaaten sowie Gewächse in Wiesen- und Kleefeldern nehmen sie zwischen ihre Fühler, um sie anzufressen. Diese Pflanzen sterben dann ab.
3. Das Weibchen baut ab April Nester und füllt diese mit Eiern. Damit sich die Brutkammer schnell durch die Sonne erwärmt, beißt es Graswurzeln ab, bis der Boden Kahlstellen aufweist.

Sind Gegenmaßnahmen erforderlich? Grundsätzlich sollte man sich an der Schönheit der Tiere freuen und darüber, dass im Garten die Natur zu Hause ist. Denn andere Gartenbesitzer bekommen solche Tiere niemals oder nur sehr selten zu Gesicht. Im Falle einer Plage können Maulwurfsgrillen durch eine einfache Falle gefangen und in der Natur wieder ausgesetzt werden. Die Maulwurfsgrillen werden nämlich magisch von Wasser angezogen. Mein Tipp: einen kleinen Eimer mit wenig Wasser füllen und so tief in den Boden eingraben, dass der obere Rand fünf Zentimeter unter der Oberfläche liegt. Mit Holz abdecken. Die Grillen wühlen sich zum Wasser, fallen in den Eimer und kommen nicht mehr heraus.

Erdraupen – die Larven der Eulenfalter

Findet man im Garten welken Salat, abgefressenen Porree (Lauch) oder vertrocknete Blumensetzlinge, könnte man an Wühlmäuse denken. Man liegt damit nicht falsch, doch die Übeltäter können auch weitaus filigraner sein: Schmetterlinge. Die Raupen verschiedener Eulenfalter-Arten sind gut getarnt, erdfarben und bis zu fünf Zentimeter groß. Bei Berührung rollen sie sich zusammen. Da sie sich nur schwer ihren jeweiligen Faltern zuordnen lassen, werden die Raupen der Eulenfalter verallgemeinernd als Erdraupen bezeichnet. Die älteren Raupen sind lichtscheu und fressen an Wurzeln, die jüngeren, etwas abenteuerlustiger, findet man auch tagsüber zwischen den Gemüsepflanzen, wo sie knabbern, was das Zeug hält. In kurzer Zeit können sie unser Gemüse vernichten, vergleichbar ist das mit dem Öffnen einer Chipstüte. Bei Chipsfreaks kann man die Tüte in kürzester Zeit platt falten und als «Mischkunststoff» entsorgen.

Erdraupen lieben warme und trockene Wetterperioden. Die Wintersaateule (*Agrotis segetum*) kann bei guten Witterungsbedingungen bis zu drei Generationen an Raupen in unsere Gemüsebeete bringen. Meistens bleibt der Schaden aber gering.

Die Raupen überwintern in 50 Zentimeter Tiefe im Boden und verpuppen sich im Frühjahr. Ab Mai trifft man dann die Falter. Diese haben eine Flügelspannweite von drei bis vier Zentimetern. Die Flügel sind im Ruhezustand braun und am Körper angelegt. Sie legen auf über hundert verschiedenen Pflanzenarten an den Blattunterseiten mehrere hundert kleine Eier in Gruppen ab, aus denen nach acht bis vierzehn Tagen Larven schlüpfen. Je nach Witterung können sich diese dann zwischen fünfzig und hundert Tage an unserem Gemüse verlustieren.

Um sie in ihre Schranken zu weisen, kann man Folgendes tun:

1. Beete abmulchen und gleichmäßig feucht halten.
2. Erdraupen nachts und am Tag regelmäßig absammeln, eventuell Hühner halten (nicht, dass ich mir deswegen Hühner angeschafft habe!). Bitte bedenken: Auch Hühner mögen Salat!
3. Fünf Gramm getrocknete Rainfarnpflanzen vierundzwanzig Stunden lang in einem Liter Wasser einweichen, dann aufkochen und eine halbe Stunde weiterköcheln lassen. Mit zehn Liter Wasser verdünnen und die Beete tropfnass damit einsprühen. Es ist darauf zu achten, dass dies nicht kurz vor der Ernte geschieht!
4. Niemschrot (Niemsaatenreste) in den Boden einhacken.

KAPITEL 15

HILFERUFE ÜBER LÄNDERGRENZEN HINAUS

Doch noch nicht genug mit den Schädlingen, dafür gibt es einfach viel zu viele. Auch das europäische Ausland ist nicht vor ihnen gefeit. Eines Tages bekam ich eine E-Mail aus den Niederlanden, von einem Mitarbeiter eines botanischen Gartens. Jan van Lunzen schrieb: «In unserem Garten haben wir an verschiedenen Stellen Minze gepflanzt. Seit einigen Jahren werden diese von Minzhähnchen befallen. Der Befall ist so stark, dass Besucher sogar dachten, die Minze würde so schön blau blühen, dabei waren es die blauen Käfer, von denen es auf den Pflanzen nur so wimmelte. Bislang habe ich versucht, den Schädlingsbefall durch Absammeln einzuschränken, doch ohne Erfolg. Haben Sie einen Tipp parat?»

Die Minze ist ein uraltes Heilkraut. Aus den aromatischen Blättern kann man einen Tee zubereiten, der beruhigend auf Magen und Darm wirkt, sogar nachgewiesenermaßen auf die Psyche. Das ätherische Öl darin, das Menthol, schmeckt nicht nur im Kaugummi gut, es wirkt auch antibakteriell. Normalerweise haben Pflanzen ätherische Öle entwickelt, um Angreifer abzuschrecken, so wie andere Dornen und Stacheln zur Abwehr gebildet haben, eine dichte Behaarung, die verhindert, dass Insekten eine ideale Stelle zum Saugen finden, Harze oder Verdauungshemmer (zu finden in Kohl und Getreide). Denn nur die Nachkommen einer Pflanzengeneration vermochten einst zu überleben, die am erfolgreichsten keimen, wachsen, blühen und fruchten konnten. Es entwickelten sich richtige Profis unter ihnen, um den Schädlingen den Stinkefinger zu zeigen.

Blattläuse, Milben oder Käfer wollten sich aber nicht für dumm verkaufen lassen, eisern kämpften sie mit ihren Waffen, um die Verteidigungsschilde der Pflanzen zu durchbrechen. Jeder will an die Fleisch- beziehungsweise Pflanzentöpfe, verhungern will niemand.

Die Pflanzen haben sich auf ihren evolutionären Errungenschaften auch nicht ausgeruht und leiteten schnell Gegenmaßnahmen ein, warteten mit stärkerem Geschütz auf. So fingen sie an, Gift zu produzieren oder Zellwände an den befallenen Stellen zu verstärken oder zu verkorken. Sie begannen, Gerbstoffe zu bilden und damit ihre Zellen zu fluten, sodass ihre Feinde das Zeitliche segneten.

Das Minzhähnchen, auch Himmelblauer Minzblattkäfer (*Chrysolina coerulans*) genannt, schillert metallisch, hat einen wirklich schicken Panzer als Outfit, dazu auffällige Fühler im Metallic-Look und beißende Mundwerkzeuge. Leider hat er es gerade auf diese ätherischen Öle abgesehen, sie schmecken ihm – nachvollziehbar – unglaublich gut, was die Minze nur

Minzenblattkäfer (*Chrysolina herbacea*)

als ungerecht empfinden kann, hat sie sich doch gerade mit diesen ausgestattet, um Feinde abzuschrecken. Der Minzblattkäfer jedoch futtert und futtert, um das Menthol genießerisch zu inhalieren, entweder die ganzen Blätter, oder er frisst Löcher in diese hinein, weil die Mitte wie beim Brot weicher ist als der Rand.

Die eigentlichen Tunichtgute sind aber nicht die Käfer – deshalb bringt das Absammeln so wenig –, sondern ihre Larven, die auf den Pflanzen abgelegt werden und die besonders für den Fensterfraß, die Löcher, zuständig sind. Mit anderen Worten: Die Larven müssen dezimiert werden. Meinem holländischen Kollegen riet ich deshalb, es mal mit einem anderen ätherischen Öl zu versuchen, das Insekten ebenfalls nicht besonders gern mögen: «Probier mal aus, die Beete mit einem Knoblauchextrakt zu übergießen.» Einige Zeit später kam die Rückmeldung: «Der Befall ist nicht komplett weg, aber er ist zumindest etwas weniger geworden.»

Nicht immer hat man gleich das gewünschte Ergebnis, manchmal muss man mehrere Maßnahmen testen. Ich antwortete: «Vielleicht hast du mehr Glück mit Niem.» Niem (siehe auch S. 95) ist ein natürliches Pflanzenschutzmittel, das es in Gartencentern mit, aber auch ohne Öl zu kaufen gibt, da manche Pflanzen kein Öl vertragen. Azadirachtin heißt der Wirkstoff, der die Larvenentwicklung von diesem Käfer und zahlreichen anderen Insekten unterbindet. 1968 gelang es, Azadirachtin erstmals zu isolieren, und so hatte man einen natürlichen Fraßhemmer, ein natürliches Insektizid. Gärtner können dieses Pflanzenstärkungsmittel aus Samenschrot und Wasser selbst herstellen. Andere im Niemkern vorhandene Wirkstoffe haben ebenfalls gesunderhaltende Eigenschaften, ohne dass Resistenzen zu befürchten sind.

Da der Minzblattkäfer von Mai bis September auf allen Minzearten zu finden ist, sollte im April damit angefangen werden, das Niem zu spritzen, um eine Reduzierung des Befalls zu bewirken. Damit diese Methode aber auch wirkt, ist die richtige Anwendung entscheidend. Sie können die Tierchen mit dem Öl einsprühen, bis Sie einen Krampf in Ihrer Hand bekommen – es wird nichts passieren. Die gepanzerten Käfer müssen den Niemextrakt oral aufnehmen, doch das tun sie erst, wenn sie die Pflanze anfressen. Die Pflanze braucht zwei, drei Stunden, um Azadirachtin über die Blätter aufzunehmen. Spritzen Sie zur falschen Zeit – das ist gegeben, wenn es zu warm und zu windig ist und der Spritzbelag zu schnell trocknet –, funktioniert es nicht. Die Plagegeister lachen sich nur tot, was auch eine Möglichkeit wäre, sich ihrer zu entledigen, doch dafür übernehme ich keine Haftung. Am besten ist es, das Niem morgens oder abends auszubringen, so kann es ins Blatt ziehen, und den Tagedieben vergeht der Geschmack. Sie hören sofort zu fressen auf, können sich in der Folge nicht mehr weiterentwickeln und somit auch keine Eier legen. Sie werden weniger und immer weniger. Bei anderen Tierchen löst das zu Recht Unruhe aus, hier kann man sich nur vor Freude die Hände reiben.

Das tat auch Jan, aber erst im Jahr darauf, da bekam ich folgende Mail: «Dein Tipp mit Niem war klasse, im vergangenen Jahr klappte es leider nicht mehr so gut, da war es zu spät, aber in diesem Frühjahr haben wir es rechtzeitig gespritzt. Jetzt krabbeln zwar immer noch ein paar von diesen Angeber-Käfern in der Minze herum, aber das stört die Pflanzen nicht, und die Besucher haben was zum Schauen.»

Der Minzblattkäfer hat gewisse Ähnlichkeiten mit dem Lilienhähnchen, der Katja Seel aus Aschaffenburg Kopfzerbrechen bereitete. Diese Krabbler haben sich modisch nicht auf Blau kapriziert, sondern leuchten in einem Tomatenrot, die Fühler in einem kontrastreichen Schwarz. Sie halten sich gern dort auf, wo Lilien nicht weit sind, deshalb auch der Name. Und «Hähnchen» wurden sie genannt, weil sie so merkwürdige Warnlaute von sich geben, die anscheinend an Minihennen erinnern. Ich habe sie noch nicht gackern gehört, aber es gibt Menschen mit feineren Ohren (oder auch viel Phantasie). Das Lilienhähnchen hat die Eigenschaft, ebenfalls Blätter zu verputzen und kreisrunde Löcher zu hinterlassen, die Larven sind gelb-grau und schleimig, sie treiben ihr Unwesen ebenfalls ab April, es sind die eigentlichen Räuber.

Ich antwortete Katja Seel auf die E-Mail, in der sie mir ihr Problem beschrieben hatte: «Ich habe sehr gute Erfahrungen mit Niem gemacht; frühzeitig ausgebracht, wird dadurch die Käferpopulation reduziert.» Auch sie bestätigte mir später das, was mir zuvor Jan berichtet hatte.

Schädlinge machen vor keiner Pflanze halt, da kann sie noch so schön sein.

«Moin, Moin!», schrieb mir Tanja Bohlken. «Auch an der nordfriesischen Küste wird Ihr Rat gebraucht. Meine Narzissen machen mir Sorgen! An den Knospen sind Fraßstellen, später sind die Blüten verkrüppelt! Um welchen Schädling handelt es sich hier, und was kann ich unternehmen, um ihn loszuwerden?»

Die Narzissen von Tanja Bohlken wurden von der Narzissenfliege (*Lampetia equestris*) heimgesucht. Dieser geflügelte Schädling legt seine Eier auf der Narzisse ab. Sobald die Larven schlüpfen, wandern sie zur Zwiebel hinunter und fressen sie von innen auf. Der Befall wird meist erst bemerkt, wenn es zu spät ist. Hier hilft nur das Ausgraben der Knollen – und ab damit in den Restmüll. Belässt man die befallenen Zwiebeln im Boden, wird es immer schlimmer, am Ende blühen die Narzissen nicht mehr. Ähnlich grausam geht auch die Zwiebelfliege (*Delia antiqua*) an der Gemüsezwiebel vor. Ich schlug Tanja

Bohlken ebenfalls vor, ihre Narzissen mit einem Niemkonzentrat zu behandeln. Einen Versuch war es wert. Ich selbst hatte die Narzissenfliege noch nicht in meinem Garten gehabt, aber die Zwiebelfliege. Und bei ihr hatte ich Erfolg, die Gemüsezwiebelknollen musste ich nicht ausgraben.

In Tirol, in einem Gemüsegarten auf 1400 Meter Höhe, trieben sich bei Alois Haffner Springschwänze (*Collembolen*) herum, sie hatten so gut wie alle Pflanzen befallen, verschiedene Kräuter, Salate, Radieschen usw. Sogar im angrenzenden Rasen hatten sich diese Urinsekten eingenistet, die sich mit einer Art Springgabel an der Unterseite ihres Hinterteils kräftig abstoßen und so mit ihren sechs Beinen umherhüpfen können. Mehrere Meter können sie sich dabei in die Höhe katapultieren, eine ordentliche Leistung für ein Tier, das nicht mehr als ein, zwei Millimeter groß ist. Das tun sie aber nur, wenn man sie aufschreckt (wenn man etwa mit Gummistiefeln durch die Gemüsebeete schlurft) und sie sich von möglichen Fressfeinden bedroht fühlen, aus Jux und Tollerei wie bei Trampolinspringern betreiben sie diese beachtenswerten Höhensprünge nicht. Die Biester haben andere Interessen.

Alois Haffner schrieb: «Die Springschwänze hocken an den Blättern, an Wurzeln und Knollen, was dazu führt, dass die betroffenen Pflanzen von Tag zu Tag schlechter aussehen. Man kann regelrecht dabei zugucken.»

Springschwänze sind nicht grundsätzlich Schädlinge, denn sie ekeln sich nicht vor totem organischem Material, futtern also auch abgestorbene Pflanzenteile. Tun sie das, finden Gärtner sie recht nützlich, denn dadurch sind sie an der Humusbildung im Garten beteiligt. Höchstens bei Jungpflanzen kann mal ein geringer Schaden auftreten, wenn sie die zarten Wurzeln anfressen. «Schauen Sie sich die Schädlinge doch noch mal genau an, Springschwänze sind seit Ewigkeiten in unseren Gärten unterwegs und brauchen feuchten, humosen Boden.» Ich erklärte ihm, warum ich gewisse Zweifel an seiner «Diagnose» hatte.

«Es sind eindeutig Springschwänze, sie haben überhandgenommen», schrieb Alois Haffner zurück.

«Dann streuen Sie ein wenig Urgesteinsmehl in die Gemüsebeete, das mögen sie nicht.»

Urgesteinsmehl wird meist aus Lava- oder Basaltgestein gewonnen, es reichert den Boden mit mineralischen Spurenelementen an. Durch die in ihm enthaltene Kieselsäure werden die Pflanzen widerstandsfähiger gegenüber Schädlingen und Krankheiten, zugleich reduziert eine Behandlung der Pflanzen mit Gesteinsmehl die Aktivität von Springschwänzen. Da Gesteinsmehle allerdings keine oder nur sehr wenige Hauptnährstoffe enthalten, zählen sie nicht zu den klassischen Düngern.

Meist bekomme ich Antwort, wenn's nicht klappt. In diesem Fall wird das Urgesteinsmehl geholfen haben, denn seitdem herrscht Funkstille.

KAPITEL 16

SOMMERBESUCHE BEI DER KÖNIGIN

Es gibt Hausbesuche, die sich mehrmals im Gartenjahr wiederholen, aber in den Sommermonaten verstärkt von mir absolviert werden. Im Mittelpunkt steht dann die Königin der Blumen, die Rose. Ob Bodendecker-, Edel-, Kletter- oder Nostalgierosen, die Vielfalt ist groß. Vielfältig sind leider auch die Krankheiten dieser edlen, aber auch ein wenig kapriziösen Lady.

Eines Tages wurde ich in den Vorharz gerufen, zur Familie Spaten. Monika und Tobias Spaten wohnten in einem kleinen Dorf in einem schmucken Häuschen. Auf den ersten Blick war zu erkennen, dass das Ehepaar seinen Garten akkurat pflegte, und dass es größten Aufwand für seine Pflanzen betrieb, konnte ich auf den zweiten Blick erkennen. In der Garage der Spatens stand nämlich neben den eingeölten Gartengeräten für jede Pflanze der entsprechende Spezialdünger, alles alphabetisch sortiert. Die Rasenkante war in einem leichten Bogen abgestochen, davon war mein eigener Garten weit entfernt.

Bevor ich ihre Freiluftfläche genauer untersuchen durfte, hieß es: «Bitte Füße abtreten.» Ich schaute verdutzt auf meine grünen Gummistiefel. Sie waren nicht blitzblank, aber sie standen auch nicht vor Dreck. Selbst einen häuslichen Flur hätte man mit ihnen betreten können, ohne Spuren zu hinterlassen. Dabei wollte ich ja gar nicht ins Haus, sondern einzig und allein in den Garten gehen. Hatten die Spatens – beide Ende vierzig, beide trugen gebügelte Jeans und Feinstrickjacken, beide hatten haselnussbraunes Haar, mal lang, mal kurz – etwa Angst, dass ich irgendwelche Keime mitschleppte? Aber da würde keine

Fußmatte ausreichen, um diese abzutöten. Interessant, dachte ich, welche Erwartungen manche Leute mit ihrem Garten verbinden.

«Bei Ihnen scheint ja alles perfekt zu sein», sagte ich, weil ich sonst nichts zu sagen wusste, was selten vorkommt. Im Vorfeld hatte mir Monika Spaten nicht sagen wollen, um was für ein Problem es sich bei ihnen handelte, als würde sie sich schämen, das auszusprechen, als dürfte dies bei ihnen gar nicht existieren.

«Wir hätten es gern perfekt», sagte Tobias Spaten, der sich wohl bewusst wurde, dass die Stunde der Wahrheit gekommen war.

«Und was ist das Hindernis?», hakte ich nach.

«Wenn da nicht die Rosen wären!»

«Ist das Ihr Sorgenkind?»

Er bejahte, während sich nun seine Ehefrau einmischte. «Mein Mann sammelt in mühevoller Kleinarbeit jedes Blatt vom Boden, zupft alle Blätter ab, die nicht ins Rosenbild passen, behandelt sie mit der Spritze, wenn es sein muss. Doch all das hat nichts gebracht, es ist ein Trauerspiel.»

«Ich liebe meine Rosen», fügte Tobias Spaten hinzu, «und am meisten hänge ich an meinen David Austins.» David Austins sind Englische Rosen, sie sind benannt nach dem gleichnamigen berühmten britischen Züchter, sie haben einen besonderen Stil, wunderschöne Blüten in überbordender Fülle, die einen intensiven Geruch verströmen. «Überall sind schwarze Flecken an den Blättern, würde ich sie alle abzupfen, wären meine Rosen kahl. Sie sind meine letzte Hoffnung.»

Während ich das «Trauerspiel» genauer betrachtete, sah ich schon den Schrecken in den Augen des Ehepaars, denn sollte ich zur Tat schreiten dürfen, müsste ich gewaltig meine Schere zum Einsatz bringen. Ja, Herr und Frau Spaten, das klingt bitter, ist auch bitter. Fürs Erste half hier nur ein rigoroses Zurückschneiden, um die Rosen zum Neuaustrieb anzuregen. Grundsätzlich folgt auf einen starken Rückschnitt ein starker Austrieb.

Ich erklärte dem Ehepaar, was ich vorhatte. Ein «Huch» verlor sich über den Lippen von Monika Spaten, ihr Mann ließ seine Hände in den Hosentaschen verschwinden, als würde er frieren.

«Es bleibt uns keine andere Wahl?» Der Ehemann sah mich an, als müsse er einen lebenden Frosch verschlucken, und letztlich war meine Maßnahme für ihn auch nichts anderes.

«Keine.»

Schnappatmung.

Beherzt kürzte ich die Rosen zur Hälfte ein. Es war jedoch erst Mitte Juni, und die Rosen hatten noch genügend Zeit, neu durchzutreiben und je nach Sorte den zweiten Blütenflor zu bilden.

«Warum hat denn all mein Spritzen nichts gebracht?», fragte Herr Spaten nach, als ich meine Schere zuklappte und er wieder langsam Gesichtsfarbe erkennen ließ.

«Sie haben sich, wie ich in Ihrer Garage sehen konnte, ein Rosenspritzmittel gekauft, mit dem Sie den Rosenrost oder den Sternrußtau bekämpfen können.»

«Aber sind das nicht die häufigsten Rosenkrankheiten?»

«So ist es, aber Ihre Rosen haben nicht diesen Pilzbefall, sondern an ihnen breitet sich der Falsche Mehltau aus. Auch verursacht durch einen Pilz.»

«Das klingt ja furchtbar. Entsetzlich. Wir tun doch alles, um unseren Garten zu schützen.» Auch Frau Spaten hatte ihre Sprache wiedergefunden.

Den Garten zu sterilisieren, dachte ich, nicht zu schützen. Ob das Paar wohl Kinder hatte? Ich konnte es mir nicht vorstellen. Kinder konnten krank werden, die brachten Schmutz mit ins Haus – und in den Garten.

«Wie kann ich denn diesen Falschen Mehltau diagnostizieren?» Herr Spaten holte mich aus meinen gedanklichen Abschweifungen zurück.

«An der Blattunterseite. Der Schlauchpilz wächst durch das Blatt hindurch. Auf der Oberseite sieht man die schwarzen Flecken, und auf der Unterseite drängt der Pilz meist aus den Spaltöffnungen und bildet einen gelblich braunen Belag. Hier sehen Sie das sehr gut.» Ich zeigte ihm einige stark betroffene Blätter, die ich gerade in eine Tüte einsammelte.

Das Gesicht von Herrn Spaten wurde wieder blasser. «Aber was kann ich tun, damit der Falsche Mehltau in Zukunft meine Rosen in Frieden lässt?»

«Mittel aus Ihrem Garten können Sie vergessen. Ich kann Ihnen nur empfehlen, Ihre Rosen jetzt nach dem Rückschnitt mit einer Mischung aus Acker-Schachtelhalm und Schwefel mehrmals einzusprühen.» Ich sagte ihm noch, wie er einen solchen Sud herstellen könne (siehe S. 92). Selbst den Schwefel müsse er nicht kaufen, den könne er aus Zwiebeln und Knoblauch gewinnen, denn diese Liliengewächse enthalten reichlich schwefelhaltige Substanzen. Wegen ihrer antimikrobiellen Eigenschaften waren Zwiebeln sogar schon um 1500 v. Chr. bei den Ägyptern zur Behandlung entzündeter Wunden geschätzt. Für das Ehepaar Spaten war das ein völlig neuer Denkansatz, der ihr Spritzflaschen-Alphabet bedrohlich durcheinanderbrachte. Aber sie versprachen, es mit diesen biologischen Mixturen zu versuchen.

Der Falsche Mehltau ist kein Schönwetterpilz, ganz im Gegenteil, er fühlt sich pudelwohl, wenn es Bindfäden regnet. Rosen sind dagegen Sonnenkinder und mögen es, Wind um die «Nase» zu haben. Wächst etwa Lavendel zwischen den Rosen in die Höhe, bekommen Rosen keine Luft mehr und trocknen nach einem Regenguss schlecht. Zur großen Freude des Pilzes, denn der kann sich bei diesen Bedingungen hervorragend vermehren. Das trifft für alle Rosenpilze zu, ganz gleich, ob Echter Mehltau, Rosenrost oder Sternrußtau – Feuchtigkeit ist die Grundlage für alle Pilzkrankheiten.

Lavendel und Rosen sind eigentlich ein perfektes Duo, denn der Lavendel schützt vor einem starken Blattlausbefall – bei seinem Duft verziehen sich Läuse naserümpfend. Wichtig ist eben nur, dass dieses Dreamteam nicht zu eng nebeneinander wächst und der Lavendel der Rose über den Kopf. Lassen Sie Rosen und Lavendel zusammen wachsen, ist es sinnvoll, den Lavendel regelmäßig zurückzuschneiden. Sie können auch einen Bodendecker wie Thymian dazwischensetzen, denn ähnlich wie der Lavendel bildet er ätherische Öle zur Abwehr von Blattläusen.

Neben dem Falschen Mehltau richtet auch gern der Echte Mehltau Unheil in Rosen an. Beide Schädlinge sind Schlauchpilze – doch wie sind sie voneinander zu unterscheiden? Echter Mehltau lässt sich im Gegensatz zum Falschen Mehltau einfach

Echter Mehltau an Phlox

mit den Fingern abwischen, der weiß-mehlige Belag ist unverkennbar. Eine unkomplizierte Möglichkeit, Echten Mehltau zu bekämpfen, ist der Einsatz von Milch, ein kleiner Trost für unsere gebeutelten Milchbauern. Dazu einen Teil Milch in sechs Teilen Wasser auflösen, anschließend die befallenen Pflanzen mit dieser Mixtur besprühen. Dieses Elixier hilft nicht nur bei Rosen, denn dem Echten Mehltau gefällt es auch an Kugelahorn, Phlox, Herbstastern, Rittersporn oder Wein. Wichtig ist immer: Je mehr ich sprühe, umso besser die Wirkung.

Im Frühjahr, noch vor der Blütezeit, können Rosenliebhaber aber das kalte Grauen erleben, das ihnen die Haare zu Berge stehen lässt: Auslöser dafür ist ein recht unscheinbares Wesen, die Blattrollwespe, besser gesagt, ihre blässlich hellgrünen Larven. Sie sorgen dafür, dass sich die Rosenblätter nach und

Gesunde Rose

nach einrollen wie kubanische Minizigarren, wobei das Rollen von beiden Seiten des Blatts ausgeht. Schuld daran ist nicht Trockenheit, sondern die schwarze und gerade vier Millimeter große Blattrollwespe, die ihre Eier auf der Blattunterseite ablegt. Dabei sticht sie die Blätter an, damit die Larven, die aus den Eiern schlüpfen, es später einfacher beim Fressen haben. In der Folge kommt es dann zu diesem Rollmanöver. Es führt zwar nicht zum Absterben der Rose, dennoch sollte man das nicht kampflos akzeptieren, sondern dagegen etwas unternehmen. Gerade wenn viele Blätter betroffen sind, sollte man die eingerollten Blätter abknipsen und sie in den Hausmüll werfen. Mühsam, aber effektiv.

Häufig leiden Rosen unter dem schon erwähnten Rosenrost, für Rosenliebhaber eine weitere Krankheit, die man zur Hölle wünscht. Ihr Erreger ist ebenfalls ein Pilz, häufig Rostpilz genannt, ein höchst ansteckender Parasit, der die Nährstoffe einer Wirtspflanze braucht und dafür Rosen bevorzugt. Man kann ihn gut erkennen, die Blattoberseite ist von gelben oder roten Flecken durchzogen, die Sporen des Pilzes sind knallorange, später schwarz. Die Blätter vergilben und werden vorzeitig abgeworfen. Damit hat der Pilz aber noch längst nicht sein Leben ausgehaucht. Der Rostpilz gehört zu den ausdauernden Kandidaten, die selbst an den abgefallenen Blättern überleben können. Sie sind in Lauerposition, ähnlich einem Fischreiher, der nur auf den Moment wartet, um zuzuschlagen. Der Rostpilz verharrt ebenso an abgeschnittenen Rosenzweigen, um im nächsten Jahr wieder aktiv zu werden. Also: Auch dieses infizierte Laub nicht auf den Kompost werfen, sondern über den Hausmüll entsorgen.

Einmal fragte ich eine Frau, die mich angerufen hatte, um mir ihren Rosenrost zu zeigen: «Wieso rufen Sie mich eigentlich erst an, wenn das Kind schon in den Brunnen gefallen ist?»

Erschrocken blickte sie mich an: «Wie meinen Sie das? Was hätte ich denn tun sollen?»

«Prävention», sagte ich, «ist bei Pflanzen genauso wichtig wie bei Menschen.»

«Mmmh.» Sie dachte nach. «Ich hätte mir überlegen sollen, ich habe Rosen und meine geliebten Rosen könnten irgendwann einmal Rosenrost bekommen? Ich hätte nicht warten sollen, bis meine Rosen ihre Blätter fallen lassen?»

«So stelle ich mir das vor. Das wäre schön.»

«Was wären präventive Maßnahmen bei meinen Rosen?»

«Sie stehen zu eng aneinander», erklärte ich. «Sie brauchen mehr Abstand. Dann ist die Chance auch größer, dass Rosenschädlinge nicht übergriffig werden und andere Pflanzen in Ihrem Garten befallen. Auch nie von oben gießen, die Blätter sollen nicht nass werden, immer nur den Wurzelbereich der Rosen nässen. Und kranke Rosenblätter sofort vernichten.»

Auf der Rückfahrt von dieser Rosenliebhaberin musste ich daran denken, dass Prävention im Pflanzenbereich nicht gerade im Vordergrund bei Gartenfreunden steht. Ich musste an das große Ulmensterben denken, das 1919 von einem in Asien beheimateten und von Menschen eingeschleppten Schlauchpilz (Ophiostoma ulmi) verursacht wurde und sich dann wie eine Epidemie von den Niederlanden aus in ganz Europa ausbreitete, wobei der Ulmensplintkäfer kräftig mitgeholfen hat. Er überträgt den Pilz, der die pflanzlichen Leitungsbahnen für Nährstoffe verklebt. Eine zweite, noch aggressivere Welle startete Ende der sechziger Jahre, sie hatte ihren Ursprung in Kanada. Erstes Anzeichen der Krankheit ist ein plötzliches Welken der Baumkrone, nach und nach geht das entsetzliche Welken auf die einzelnen Äste über. Den Pilz kann man nicht bekämpfen, wenigstens nicht erfolgreich, aber man hätte beim ersten Bekanntwerden des Ulmensterbens, auch Holländische Krankheit genannt, die Bäume mit Pflanzenstärkungsmitteln gegen die Schädlinge präparieren können.

Nicht weit von meinem Dorf entfernt sollte ich mir einmal eine erkrankte Ulme anschauen, feststellen konnte ich nur eines: «Der Baum ist tot. Da ist nichts mehr zu machen.» Neben mir stand ein Diplomingenieur für Gartenbau. Ich überlegte: Hätte der nicht auch sehen müssen, dass für die Ulme jegliche Hilfe zu spät kam? Kein Blatt war mehr am Baum dran, dabei war es mitten im Sommer. Wieso hatte man mich dann überhaupt geholt? Die Frage äußerte ich schließlich laut, darauf erhielt ich die Antwort: «Uns war noch eine zweite Meinung wichtig, denn bevor wir ihn abholzen, könnte ja jemand von den Grünen oder vom Naturschutzbund kommen und den Sinn dieser Aktion bezweifeln. Mit Ihrer Aussage können wir bestätigen, dass der Baum wirklich tot ist.» Doch niemand von den anwesenden Verantwortlichen wollte wissen, was man gegen das Ulmensterben vorbeugend unternehmen könne. Ich fand das seltsam. Zwar ist der Baum derzeit nicht völlig vom Aussterben bedroht, aber es fehlt bis dahin nicht mehr viel.

EINE ROSE IST NICHT NUR EINE ROSE, MANCHMAL SIND ES ZWEI

Rosenstöcke sind nicht ganz billig, aber es gibt die Möglichkeit der Stecklingsvermehrung, sie ist eine der einfacheren Arten, um die Anzahl der Rosen im eigenen Garten zu erhöhen. Das ist besonders für Rosenbesitzer interessant, die alte Sorten im Garten haben und denen es selbst nach größten Bemühungen nicht gelungen ist, neue Pflanzen zu erwerben. Gerade wenn man die Namen der Rosen nicht kennt, ist das oft ein aussichtsloses Unterfangen. Eigentlich lassen sich alle Rosen per Steckling vermehren, nur sind viele so gezüchtet, dass sie nicht mehr auf eigenen Wurzeln stehen können und deshalb auf widerstandsfähigen Unterlagen veredelt werden. Anfang August ist die perfekte Zeit, Rosen per Steckling zu vermehren. Dazu schneide ich zwei, drei gesunde, am besten gerade abgeblühte Triebe ab, die ungefähr fünf Augen haben sollten. Rosenaugen erkennt man daran, dass sie ein wenig wie ein Mund mit herausgestreckter Zunge aussehen. Über der «Unterlippe» befindet sich ein kleiner Punkt – hier hat die Rose die Fähigkeit, Seitentriebe zu entwickeln. Bei den abgeschnittenen Trieben entferne ich dann die untersten vier Blätter, lasse aber das oberste Blattpaar stehen. Anschließend kann ich die so vorbereiteten Stecklinge wahlweise direkt ins Beet oder in Töpfe einpflanzen.

Bei einer Beetpflanzung achte ich darauf, dass das Beet eine windgeschützte, halbschattige bis schattige Lage hat

Rosenstecklinge selber machen

und die Erde gut aufgelockert ist. Sonst werden die Stecklinge zu viel Wasser verdunsten und nicht anwachsen. Stecke ich sie in einen Topf, sollte dieser 30 bis 40 Zentimeter tief sein. Spezielle Stecklingserde wäre perfekt für die Wurzelbildung. Nach dem Einpflanzen der Stecklinge darf ich das Gießen nicht vergessen. Um das Wachstum weiter zu fördern, stülpe ich ein Einwegglas über jeden Topf, so wird ein feuchtwarmes Mikroklima erzeugt. Nächstes Jahr im Mai sind die Stecklinge so bewurzelt, dass sie ihren Platz im Rosenbeet einnehmen können. Ich selbst habe es auch schon mal mit gekauften Schnittrosen versucht – mit Erfolg. Nur muss ich bei den Schnittrosen sofort die Blütenköpfe abschneiden und sollte nicht zu lange damit warten, die Stecklinge in die Erde zu setzen.

Verpassen Sie den Augusttermin, haben Sie noch die Chance, Rosen mit Steckhölzern zu vermehren, in vielen Profibetrieben wird das gemacht. Hierfür schneide ich im Spätherbst einen ganzen Trieb von der Rose ab und entferne *sämtliche* Blätter. Beim Zuschneiden der Rosensteckhölzer achte ich darauf, dass ein einzelnes Steckholz zwischen 20 und 30 Zentimeter lang ist. Nun müssen die Steckhölzer überwintern, und das geschieht so: die Steckhölzer bündeln und in feuchten Sand einschlagen. Bis zur frostfreien Zeit im nächsten Jahr sollten die Steckhölzer kühl lagern. Ab März, wenn keine starken Fröste mehr drohen, werden sie draußen in ein Sand-Torf-Gemisch gesteckt. Nicht immer gelingt eine Rosenvermehrung auf diese Weise, aber einen Versuch ist es wert. Doch wie erkenne ich, dass ein Steckholz angewachsen ist? Eigentlich gibt es ein unverkennbares Zeichen: Der Steckling ist grün und setzt Blätter an. Im Herbst wird die junge Rose dann auf ihren endgültigen Platz umgepflanzt.

Die Schädlinge sind bei Rosen nicht das größte Problem, meist ist es ein falscher Schnitt. Für die richtige Schnitttechnik ist zu beachten, wo sich die gefiederten Blätter der Rose befinden. Dort, in ihrer Achse, darf ich schneiden. Lege ich woanders die Schere an, denkt die Rose, ich habe meinen Dienst getan, ich habe oben meine Blüte gebracht, jetzt genieße ich meinen verdienten Feierabend, mache vielleicht noch meine Hagebutte, dann ist aber gut. Sobald man jedoch bei den gefiederten Blättern ansetzt, weiß die Pflanze: «Mist, ich muss noch Blüte machen ...», und treibt an den Seiten des Schnitts. Unabhängig davon brauchen Rosen auch massenhaft Nährstoffe, wenn sie viel blühen sollen.

In vielen Gärten kann ich Wildrosen sehen, die ungemein schnell wachsen. Ihre Besitzer schneiden sie oft komplett herunter, weil ihnen alles zu viel wurde. Das Problem ist dann aber, dass die Pflanzen dort, wo sie abgeschnitten wurden, im nächsten Jahr geblüht hätten. Daraus wird dann nichts. Wildrosen blühen am zweijährigen Holz, und wenn man sie derart drastisch zurückschneidet, legen sie sich auf die faule Haut. Also: Diese Rosensorten nur auslichten, aber nie zurückschneiden. Bei einer Ramblerrose – Inbegriff gärtnerischer Romantik, da diese Kletterrose mit den langen und biegsamen Trieben in Bäumen wächst und sogar aus eigener Kraft Baumkronen entern kann – wäre es gar ein Verbrechen, würde man sie zurückschneiden. Sie sollte man einfach nur sich selbst überlassen.

KAPITEL 17

HORTENSIEN AM EINSTIGEN CHECKPOINT

Eine extrem beliebte Sommerpflanze ist die Hortensie, insbesondere die Garten- oder Bauernhortensie (*Hydrangea macrophylla*), die ihre Blüten immer wieder in den warmen Monaten zur Schau stellt. Ursprünglich stammen Hortensien aus Japan, dem Land der aufgehenden Sonne, von dort wurden Kulturformen Ende des 18. Jahrhunderts zuerst nach England verschifft. Danach dauerte es nicht lange, bis sie von der Insel aufs europäische Festland geholt wurden. Kein Wunder, denn wie die schönsten Sonnenbälle sehen die Blüten auch aus, nur leuchten die hübschen Farbtupfer nicht in Gelb, sondern in Weiß, Rosa,

Samthortensie
(Raue Hortensie, Hydrangea sargentiana)

Rot oder den verschiedensten Blautönen. Aber nicht nur im Garten sind die großen Blütenbälle ein Magnet, ebenso auf dem Balkon oder der Terrasse in Kübeln sind sie von Juni bis August eine Augenfreude.

Gerufen hatte man mich nach Helmstedt, hier war einst, vor dem Mauerfall, der wichtigste Grenzübergang zwischen der Bundesrepublik und der DDR. Von dieser Geschichte war in dem Garten, in dem ich mich dann befand, nichts zu spüren, gefühlte tausend Hortensien umgaben mich, in allen Formen und Farben.

«Alle Achtung», sagte ich, «so viele Hortensien habe ich noch nie in einem Privatgarten gesehen.»

Nina Hüttenhain, die Besitzerin dieser Pracht, eine großgewachsene Frau Ende vierzig mit wilden roten Locken und vielen Sommersprossen im Gesicht, winkte ab. «Das sind alles gesammelte Werke. Ich liebe Hortensien über alles, und jedem, der mir zum Geburtstag oder einfach nur so etwas schenken will, sage ich, er soll mir eine Hortensie mitbringen. Und wie Sie sehen, sind alle meinem Hinweis gefolgt.» Sie lachte laut und herzlich und wies mit ihrer Hand über das gewaltige Blütenmeer.

«Aber es gibt ein Problem?», fragte ich und erinnerte sie so daran, warum sie mich angerufen hatte.

«So ist es. Leider. Meine Freunde sind mir bei meinem Hortensienwunsch willig gefolgt, die Hortensien selbst haben aber ihren eigenen Kopf, sie wollen nicht, wie ich will. Jedenfalls nicht in der Gesamtheit. Schauen Sie, einige weigern sich zu blühen, die sind richtig renitent, und diese hier waren mal blau, jetzt haben sie so ein dreckiges Rosa. Aber das ist mir egal, Hauptsache, sie blühen.» Sie zuckte mit den Achseln. «Nun sind Sie dran, was ist Ihre Meinung dazu?»

Frau Hüttenhain gefiel mir, sie redete Klartext, und das tat auch ich: «Ihre Hortensien lieben Halbschatten und weiches

Wasser. Sie gehören zu den Moorbeetgewächsen und brauchen sauren Boden, zum Beispiel Rhododendronerde. Kalk vertragen sie wenig. Mit meinem pH-Wert-Messgerät werde ich erst einmal den Säuregrad in Ihrem Boden messen. Ist das okay für Sie?»

«Tun Sie sich nur keinen Zwang an.» Erstaunt betrachtete sie mein Messgerät. «Sie gehen aber gründlich vor.»

«Manchmal ist das notwendig.»

Nina Hüttenhain schaute mir neugierig über die Schulter. Als ich das Gerät wieder in meine grüne Tasche packte, fragte sie: «Und? Was haben Sie herausgefunden?»

«Einen pH-Wert von 6, das ist für Moorbeete zu hoch.»

«Ich habe aber immer Moorbeeterde zum Pflanzen genommen», verteidigte sich die Hortensienliebhaberin. «Ich bin ja keine völlig unbedarfte Gärtnerin.»

«Dann liegt es wohl am Gießwasser, ich weiß, dass das Wasser in dieser Gegend sehr kalkhaltig ist. Haben Sie eine Tonne mit Regenwasser?» Sie schüttelte den Kopf. «Es gibt aber noch eine andere Möglichkeit. Ich sehe, dass in Ihrem Garten an einigen Stellen Moos wächst. Sie können Ihr Leitungswasser mit Moos enthärten. Füllen Sie ein größeres Gefäß, vielleicht eine Wanne, mit Wasser, und legen Sie mehrere Moosballen hinein. Dann zwei bis drei Tage stehenlassen, bevor Sie das Wasser zum Bewässern Ihrer Hortensien nutzen.»

«Und wieso Moos?»

Auf diese Frage hatte ich nur gewartet. Moos kann vieles wieder ins Lot bringen. Es kann unserer stinkenden Stadtluft sogar zu mehr Frische verhelfen. So sind die unscheinbaren Moose, die auf eine bodenständige Evolution von über 400 Millionen Jahren zählen können, fähig, Großstädte vom Feinstaub zu befreien. In Stuttgart hat man aus dieser Erkenntnis heraus im März 2017 am Neckartor, einer besonders verpesteten Straßenkreuzung, eine hundert Meter lange Mooswand aufgestellt. Mit dem Experiment will man feststellen, ob Moos tatsächlich die gefährlichen Kleinstpartikel in größeren Mengen aus der Luft filtern kann, die zur Entstehung von lebensbedrohlichen Atemwegserkrankungen beitragen können.

Der Bonner Botaniker und Moosforscher Jan-Peter Frahm fand diese besonderen Eigenschaften 2007 heraus. Die Moose, die auch als Bryophyten bezeichnet werden, besitzen weder Wurzeln, noch können sie Blüten oder Samen bilden. Hauptsächlich bestehen sie aus Blättern, über deren Oberfläche sie Wasser und Nährstoffe aufnehmen, doch anders als die meisten anderen Landpflanzen haben Moosblättchen keine Wachsschicht, um sich vor Schmutzpartikeln zu schützen. Aus diesem Grund wirken sie, wie Frahm herausfand, wie ein «Mikrofasertuch», funktionieren wie biologische Filter: Vor allem das Ammoniumnitrat im Feinstaub bleibt an ihnen hängen und wird vom Moosstoffwechsel direkt verarbeitet oder in den Zellen eingelagert. Andere schädliche Partikel werden, bevor sie vom Moos verstoffwechselt werden, erst von Bakterien und Pilzen aufgenommen.

Die enorme Blattoberfläche der Moose macht es aber auch möglich, dass ebenso aus dem Wasser Schadstoffe gefiltert und von den Bryophyten verarbeitet werden. So sind Moose, die das Zwanzigfache ihres Eigengewichts an Wasser aufnehmen können, zum Beispiel in der Lage, aus hartem Wasser, das reich an Magnesium und Calcium ist und an Fliesen und Armaturen die bekannten Kalkrückstände hinterlässt oder, im schlimmsten Fall, Haushaltsgeräte wie Spül- oder Waschmaschinen durch diese Ablagerungen zerstört, weiches Wasser zu machen.

Auch hier kommt die fehlende wasser- und schmutzabweisende Wachsschicht ins Spiel. Dass eine solche existiert, wurde übrigens in den siebziger Jahren von einem anderen Bonner

Wissenschaftler entdeckt, Wilhelm Barthlott. Er hatte sich gewundert, dass die Blätter der aus Asien stammenden Lotusblume immer sauber sind. In diesem Zusammenhang fand er heraus, dass sie die Fähigkeit haben, sich selbst mit Hilfe von Wachskristallen zu reinigen. Lotuseffekt wurde das dann genannt, heute bestimmt dieses perfekte System der Natur auch unseren Alltag: So gibt es Fassadenfarbe, die Wasser und Schmutz von Hauswänden abperlen lässt, und Silikonwachs, das auf verschiedene Materialien aufgesprüht werden kann, zum Beispiel auf Markisen, Dachziegel oder Sensoren für Mautsysteme.

An Moosen aber ist der Lotuseffekt vorbeigegangen. Moose müssen nämlich Wasser und Nährstoffe über ihre Blätter aufnehmen, weil sie ja keine Wurzeln haben. Viele der aufgenommenen Partikel werden vom Moos direkt verarbeitet oder in den Blättern eingelagert. So auch beim Gießwasser, dem durch das Moos Calcium entzogen wird.

Moos wirkt zudem desinfizierend, darum wurde es in früheren Zeiten nicht nur zur Wundheilung eingesetzt, sondern man benutzte es als erstes feuchtes Toilettenpapier – und bewirkte Wunder bei dem einen oder anderen Raubritter, der Probleme mit seinem Toilettengang hatte. Moos macht also nicht nur in der Tasche, durch Mooswände auf dem Balkon oder in der City ein angenehmes Klima. Noch längst ist nicht alles entdeckt, was es kann.

So ausführlich stellte ich das Mooskönnen in Helmstedt bei Nina Hüttenhain nicht dar, aber doch die wichtigsten Aspekte.

«Gut wäre auch, wenn Sie Ihre Hortensien alle zwei Wochen mit einem Hortensien- oder Rhododendrondünger versorgen», fügte ich hinzu.

«Klingt vernünftig», sagte Frau Hüttenhain. «Aber zum nächsten Pflegefall. Warum blühen Hortensien rosafarben, wenn sie eigentlich blau sein sollten?»

«Hortensien sind nicht von Natur aus blau», erklärte ich. «Von allein schaffen sie nicht diese Farbe, sie brauchen dazu ein wenig gärtnerische Hilfe. Etwa ein Spezialsalz, zum Beispiel Aluminiumalaun, im Handel auch Hortensienblau genannt. Zudem sorgt ein saurer Boden für die Blaufärbung. Durch den hohen pH-Wert in Ihrem Boden sind die Salze festgelegt und für Ihre Pflanzen nicht verfügbar. Der Säuregehalt wird jedoch gesenkt, wenn Sie Rhododendronerde hinzufügen. Ist der Boden wieder perfekt, werden Ihre Hortensien im nächsten Jahr wieder blau blühen.»

«Ein großes Versprechen.»

«Wird aber gehalten. Und noch ein Tipp: In den Blattachsen wird die Blüte fürs nächste Jahr angelegt. Da eine Hortensie am zweijährigen Holz blüht, dürfen Sie Ihre Hortensien

Hortensie mit Nährstoffmangel

nicht runterschneiden. Auch wenn sie im Winter ihre Blätter abwerfen und vielleicht nicht mehr so schön aussehen.»

«Brauchen meine Pflanzen auch einen Winterschutz, so eine Art Daunenjacke?»

Jetzt musste ich lachen. «Damit die Knospen nicht erfrieren, reicht es aus, die Hortensien am Boden mit Laub abzudecken. Und falls Sie mal welche in einen Kübel einpflanzen wollen, sollten Sie die Pflanze auch im Winter gießen, damit sie nicht vertrocknet.»

Die größten Fehler machen Pflanzenfreunde bei Hortensien, wenn sie diese Sträucher jedes Jahr zurückschneiden oder an einen falschen Standort setzen. Ist dieser zu windig, blühen sie nur ganz spärlich oder gar nicht. Ist der Boden nicht sauer genug – ein pH-Wert von 4,5 ist ideal –, bekommen sie gelbe Blätter. Spinnmilben oder Wollläuse machen die japanischen Migranten krank. Ein Tee aus Rainfarn und Rapsöl hilft, sie wieder auf die «Beine» zu bekommen, in ihrem Fall «auf die Wurzel». Dazu 10 Gramm getrockneten oder 100 Gramm frischen Rainfarn in einem Liter Wasser aufkochen und zirka 20 Minuten ziehen lassen. Mit vier Liter kaltem Wasser und 80 Milliliter Rapsöl aufgießen. Mit dieser Mixtur die Pflanzen tropfnass besprühen, gegebenenfalls wiederholen. Von Mai bis Juni kann der geübte Gärtner durch krautige, nicht verholzte Stecklinge seine Hortensien vermehren.

Nachdem ich mich von Nina Hüttenhain verabschiedet hatte, fuhr ich noch zum ehemaligen Grenzübergang Helmstedt / Marienborn, Checkpoint «Alpha», wie er von den Alliierten genannt wurde. Einige Grenzabfertigungsanlagen sind noch zu sehen, vieles wurde aber abgerissen. Pflanzen sind einfacher zu heilen als historische Wunden, dachte ich, als ich mich auf den Heimweg machte.

KAPITEL 18

EINLADUNG EINES POLIZISTEN
ZUR GARTEN-TUPPERPARTY

Pflanzen sind ein Teil meines Lebens, ich brauche sie wie die Luft zum Atmen. Sie bestimmen mein Leben, sie geben mir aber auch ein gewisses Maß an Freiheit, die ich sonst nicht hätte. Pflanzen lassen sich nämlich nicht hetzen, und da passen wir perfekt zusammen, die Pflanzen und ich, denn ich lasse mich auch nicht gern hetzen. Ob Gärtner oder Pflanzenarzt, beide müssen Geduld haben, ohne Geduld geht in der Pflanzenwelt gar nichts.

Das Wunderbare an Pflanzen ist auch, dass sie verbinden. Bin ich zu einer Party eingeladen, dauert es nicht lange, bis ich die ersten Kontakte über Pflanzen geknüpft habe. Jeder hat mit ihnen zu tun, auch wenn man nichts weiter als einen dichtbehaarten und polsterförmigen Bubikopf im Gästeklo stehen hat. Unweigerlich wird irgendwann im Laufe des Abends die Frage gestellt: «Ich weiß, du hast jetzt Feierabend, aber ich habe da mal eine Frage ...»

Schlendern wir durch einen Park, begegnen wir vielen Hundebesitzern, die mit ihren Schützlingen spazieren gehen. Nicht wenige Menschen haben sich einen Hund zugelegt, um über ihn Kontakt zu bekommen. Haben Sie eigentlich schon mal daran gedacht, mit ihrem Veilchen oder ebenjenem Bubikopf aus der Gästetoilette spazieren zu gehen? Es muss ja nicht gleich die Zimmerpalme oder der Gummibaum sein, das könnte dann doch über einen längeren Zeitraum eine schwergewichtige Angelegenheit werden. Aber einen Versuch ist es wert, die eigene Pflanze auszuführen, damit sie mal so richtig intensiv in Sonnenlicht baden kann. Falls Ihnen das seltsam vorkommen sollte, denken Sie daran: Es gibt in den Haushalten hierzulande mehr Pflanzen als Hunde. Und was sollte daran verkehrt sein, die eine oder andere Zimmerpflanze der guten Luft im Park auszusetzen – und über sie in Kontakt mit anderen zu kommen.

Es gibt aber noch eine andere Möglichkeit der Kontaktaufnahme, und zwar über eine Tupperparty. Die US-Amerikanerin Brownie Wise hatte die Form des Homeshoppings in den fünfziger Jahren erfunden, weil sie so begeistert von den praktischen Tupperdosen war, diesen Frischhaltedosen aus Polyethylen mit Vakuumverschluss. Sie hatte für die neuen Produkte nach neuen Vermarktungsformen gesucht und war auf die Idee verfallen, den Kunden die bunten Döschen in ihrem eigenen Zuhause vorzuführen. Von Polyethylen, diesem Kunststoff, bin ich nun weit entfernt, aber der Name «Tupperparty» hatte mir gefallen, fast jeder verbindet damit, dass jemand in die eigenen vier Wände – oder eben in den Garten – kommt. Ich hätte statt «Tupperparty» als Bezeichnung auch «Gartenparty» oder «Grüne Party» wählen können, aber mir gefiel das Innovative an diesem Konzept. Auch hatte ich schmunzeln müssen, als ich die goldene Regel von Brownie Wise für ein erfolgreiches Homeshopping las: «Sei warmherzig, freundlich, ehrlich und fleißig, lächle von Herzen, sei ein enthusiastischer Zuhörer und sorge dafür, dass sich dein Gegenüber wichtig fühlt.» Manches traf doch auf mein Dasein als Pflanzenarzt zu, wenn es womöglich auch ein wenig altmodisch klang.

Auf die Idee, Tupperpartys im eigenen Garten anzubieten, kam ich, als es eines Tages an unserer Haustür klingelte, es wurde draußen schon schummerig. Wer konnte das sein? Wir erwarteten niemand, die Kinder waren auf ihren Zimmern.

Vor der Tür stand ein Mann in eindeutig erkennbarer Uniform, damals noch in Grün. Ein kleiner Schrecken durchfuhr mich, sofort dachte ich: ein Polizist? Was habe ich verbrochen? Habe ich, ohne es bemerkt zu haben, ein Auto angefahren und damit Fahrerflucht begangen? Habe ich falsch geparkt? Habe ich womöglich noch viel Schlimmeres angestellt? Ich spürte, wie das Blut aus meinem Gesicht wich und es bestimmt so weiß wurde wie die Tapete in unserem Flur.

«Äh ... guten Abend», stammelte ich. «Was kann ich für Sie tun? Kann ich Ihnen irgendwie helfen?» Wie blöde war das denn? Ich hatte mit ihm gesprochen, als wäre er ein Kunde.

Bevor ich mich korrigieren konnte, begann der unbekannte Besucher: «Sie sind doch der Pflanzenarzt?»

Im ersten Moment hatte ich den Gedanken, das abzustreiten und nein zu sagen, aber als freundlicher und ehrlicher Mensch, ganz nach Brownie Wise, antwortete ich vorsichtig, weil ich immer noch nicht wusste, worauf dieses Gespräch hinauslaufen sollte: «Ja, der bin ich.»

Der Uniformierte räusperte sich: «Ich arbeite im Innenministerium in Berlin, wir sind dort eine spezielle Abteilung und möchten Sie buchen.»

Das musste ich erst einmal verdauen: Innenministerium, Pflanzenarzt, buchen. So überrascht, wie ich war, brachte ich auch nichts Vernünftiges heraus: «Ist etwa die Pflanze des Innenministers krank, und ich soll deshalb nach Berlin?»

Mein Gegenüber fing an zu lachen: «Nein, nein, so habe ich es nicht gemeint. Bei uns in der Abteilung steht ein Betriebsausflug an, aber statt wie üblich irgendwo hinzufahren, haben wir gedacht, wir machen bei einem von uns eine Gartenparty und laden als Special Guest den Pflanzenarzt ein. Und weil ich gerade in diese Gegend musste, dachte ich, ich frag mal persönlich an.»

Ich fand die Idee klasse und sagte sofort zu. Womöglich

konnte sich eine solche Verbindung irgendwann in meinem Leben noch mal positiv auswirken.

Zwei Monate später stand ich in einem Berliner Garten, es war ein warmer Sommertag, um 18 Uhr ging es los, für zwei Stunden war ich gebucht, danach sollte gegessen und getrunken werden.

Stefan Schneider, der bei mir in Börßum an der Tür geklingelt hatte, begrüßte alle Anwesenden, Männer und Frauen. Alle hatten sich vorbereitet, alle holten sofort ihr Handy hervor, um mir Bilder von ihren kranken Pflanzen zu zeigen.

«Schauen Sie, meine Frau meint, ich sollte Ihnen dies mal zeigen.» Es war ein Foto von einem Perückenstrauch (*Cotinus coggygria*), der seinen Namen daher bekommen hat, dass er aufgeplusterte Fruchtstände hat. Vielfach wird er auch Färbersumach genannt, da das rote Holz und die Blätter zum Färben von Stoffen und Leder verwendet werden können. «Viele Jahre bereitete uns der Perückenstrauch im Garten Freude», fuhr der Mann fort, ein breitschultriger Hüne namens Uwe mit dunkelblondem Bürstenschnitt und einem markanten Gesicht. «Doch in diesem Jahr wurden auf einmal die Blätter kraus und verdorrten langsam. Ganze Äste trockneten ein.» Das war auf dem Handy eindeutig zu erkennen. «Und sehen Sie hier», er zeigte ein zweites Foto, «ein in der Nähe stehender Blütenhartriegel hat dieselben Symptome, er entwickelt trockene, braune und verdorrte Blätter. Was kann getan werden, damit diese Pflanzen nicht eingehen? Handelt es sich hier eventuell um einen Pilzbefall?»

Ich musste Uwes Befürchtungen bestätigen: «Sterben nur einzelne, meist ältere Äste ab, kann das tatsächlich ein Befall mit holzzerstörenden Pilzen sein. Und so, wie es auf den Fotos zu erkennen ist, würde ich davon ausgehen. Meiner Einschätzung nach handelt es sich um eine Pilzkrankheit, die sich über den Boden durch die Leitungsbahnen in der Pflanze verbreitet und diese Bahnen verstopft.»

Uwe kratzte sich am Hinterkopf: «Bei dem Wort ‹Verstopfung› denke ich an einen Klempner, einen erfahrenen Experten, der das Problem unkompliziert und schnell beseitigen kann.»

«Leider geht das bei diesem Problem nicht so einfach. Sicher haben Sie zuerst die welken Blätter an den jungen Trieben bemerkt, oder?» Uwe nickte. «Und dann haben Sie bestimmt gedacht, dass die Sträucher zu wenig Wasser haben?» Er nickte erneut. «Sie haben die Pflanzen gewässert. Leider wird durch das vermehrte Gießen die Pilzkrankheit beschleunigt. Die Ursache für diese Pilzerkrankung ist häufig Staunässe, das heißt, das Wasser kann nicht richtig ablaufen. Die Wurzeln stehen in der Feuchtigkeit, bekommen gleichsam nasse Füße. Das macht die Pflanze schwach und den Pilz stark.»

«Und kann ich was dagegen tun?», fragte Uwe leicht zerknautscht. Es sah aus, als würde er an seine beiden Sträucher denken und daran, wie sie gegen die gärtnerische Ahnungslosigkeit ihres Besitzers ankämpfen mussten, dabei hätte er ihnen gern das Paradies bereitet – und sich und seiner Frau natürlich auch.

«In den meisten Fällen ist eine direkte Bekämpfung mit irgendwelchen Mitteln nicht möglich», erklärte ich. «Sie müssen darauf achten, dass die Pflanzen optimale Wachstumsbedingungen bekommen. Eine Behandlung mit dem *Bacillus subtilis* oder einer Unterart von ihm, dem *Bacillus amyloliquefaciens*, kann helfen.»

Uwes Kollegen hatten meine Ausführungen mit angehört und sich um uns versammelt. «Iiieh», stieß eine Frau laut aus. «Wer holt sich denn schon freiwillig Bazillen in den Garten?»

«Keine Angst», sagte ich, «diese stäbchenförmigen Bakterien sind in der Lage, ein natürliches Antibiotikum herzustellen, das nennt sich Barnase, einer unserer ältesten Lebensstoffe. Barnase wird seit einiger Zeit industriell hergestellt, als grünes Pflanzenschutzmittel, fast überall wird es in der Europäischen Union eingesetzt, etwa zur Bekämpfung von Schädlingen bei Kartoffeln, bei *Phytophthora infestans*, dem Erreger der Kraut- und Knollenfäule, auch ein Pilz. Diese Bakterien sind sehr nützlich, sie unterstützen die Pflanzen und halten sie gesund. In jedem Gartencenter kann man sie sich besorgen. Und wer in seinem Garten stark geschädigte Pflanzen hat, sollte roden und entsorgen. Aber bitte nicht auf den Kompost, sonst verteilen Sie die Pilzsporen noch in Ihrem gesamten Garten. Anfällig sind auch Japanische Ahornbäume, Trompetenbäume, Ölweiden, Linden oder der Flieder.»

Fast hätte ich «Der nächste Patient, bitte» gesagt, aber bevor ich über mich selbst lachen konnte, ergriff Sarah, eine Mittdreißigerin mit langen dunklen Haaren, die Chance, ihr Problem zu schildern: «Mein eingetopftes Lorbeerbäumchen hat eine hübsche Kugelform, im Frühjahr, Sommer und im Herbst steht es auf unserer Terrasse, zum Überwintern kommt es regelmäßig in eine helle Garage. Als ich es Anfang Mai zurück auf die Terrasse stellte, waren einige Blätter verklebt, andere wiesen trockene Flecken auf oder fingen vom Rand an einzutrocknen. Die – von wem oder was auch immer – befallenen Blätter habe ich sukzessive entfernt. Aufgrund der bisherigen Entwicklung fürchte ich allerdings, dass die Kugel in absehbarer Zeit ohne Blätter dastehen wird. Können Sie den Schädling oder die Ursache identifizieren und mir ein Gegenmittel nennen? Und noch gleich eine weitere Frage: Das Lorbeerbäumchen steht nun schon viele Jahre in derselben Erde. Muss ich es eventuell umtopfen?» Auch Sarah hielt mir Handyfotos von ihrem Lorbeer vors Gesicht, das Bäumchen sah wirklich erbärmlich aus, die Kugelform konnte man gerade noch erahnen.

«Die meisten Plagegeister wissen ziemlich genau, an welchen Pflanzen sie gut überwintern können», antwortete ich. «Ohne zu fragen, nutzen sie deren Gastfreundschaft schamlos aus. Nicht nur, dass sie nicht einmal Miete zahlen, sie sitzen wie angeklebt an den Pflanzen. Zu guter Letzt machen sie durch ihre Ausscheidungen noch Dreck.»

«Sie wissen aber schon, wer da in meinem Lorbeer herumschmarotzt?», fragte Sarah.

«Klar, die ungebetenen Gäste sind Schildläuse. Die Weibchen scheiden eine Art Wachs aus, und unter diesen Wachsschilden sind sie geschützt vor Witterungseinflüssen oder Fressfeinden, sie fühlen sich so vollkommen sicher und lassen es sich nur noch gutgehen, indem sie den Pflanzensaft vom Lorbeer melken. Da sie mehr saugen als verarbeiten, scheiden sie, nachdem sie für ihren Wachspanzer gesorgt haben, eine Zuckerlösung aus, die klebrig an den Blättern oder am Boden wiederzufinden ist. Diese Lösung, die sich nun auf dem Blatt befindet, lockt wiederum Schwärzepilze an.»

«Schwärzepilze, das klingt ja gruselig. Wie aus einem Horrorfilm. Und Horrorfilme kann ich nicht leiden.»

«Schwärzepilze sind auch Horror», bestätigte ich. «In Wohnungen kennt man sie als Schimmelpilze. Sie fliegen in der Luft herum, befallen Obst oder bedecken Blätter Ihres Lorbeers. Diese können nun nicht mehr genügend Photosynthese machen und sterben langsam ab. Dem Lorbeer in Ihrer Garage ist es nicht gut ergangen. Er hat auch bei einer hellen Garage viel weniger Licht als draußen auf der Terrasse, die Schildläuse klauen ihm die von ihm selbst erzeugten Nährstoffe, und in der Erde gibt es wenig Nachschub. Es ist also höchste Eisenbahn, den Lorbeer in neue Erde zu topfen.»

«Und welche Erde nehme ich da am besten?»

«Eine gute Pflanzerde.»

«Aber was ist eine gute Pflanzerde? Erkennt man sie am Preis?»

«Es muss nicht immer die teuerste sein, aber auch nicht die billigste. Es gibt da einen Trick, um eine gute Erde zu bestimmen: Greifen Sie in die Erde hinein und drücken Sie sie fest zu einer Kugel, danach öffnen Sie Ihre Faust. Wenn die Erde dann auseinanderfällt, handelt es sich um gute Erde; bleibt in Ihrer Hand ein fester Erdklumpen, sollten Sie sich nach einer anderen Pflanzerde umschauen. Und natürlich sollte Ihre Pflanze nach dem Umtopfen in den ersten Wochen mit Dünger versorgt werden, auch wenn der schon in der Erde vorhanden ist.»

«Und wann ist der Zeitpunkt zum Umtopfen ideal?», wollte Sarah nun wissen.

«Ihr Lorbeer hat sich schon ein wenig vernachlässigt gefühlt, da ist jeder Zeitpunkt der richtige. Nur bei Blühpflanzen sollte nicht während der Blüte umgetopft werden. Denn dann kann es passieren, dass die Blüten abgeworfen werden. Ihre Pflanze wird sich jedenfalls über ein bisschen Zuwendung freuen und als Gegenleistung wieder viele neue Blätter bekommen.»

«Und wie kann ich den Schildläusen auf den Pelz oder besser gesagt den Wachs rücken?»

«Gegen die Invasion der Schildläuse hilft nun nur noch die biologische Keule: Natur-Pyrethrum mit Rapsöl und warmem Wasser ansetzen und dann mehrmals in die Pflanze einsprühen.»

«Und das hilft wirklich?»

«Gegen hartnäckige Viecher ist das das härteste Vorgehen, das ich parat habe. Das warme Wasser mit dem Öl löst die Wachsschicht der Schildläuse auf, so werden sie schutzlos, und das Pyrethrum kann besser wirken.»

«Der Nächste bitte!» Sarah sprach schmunzelnd aus, was ich nur gedacht hatte, und blickte sich in der Runde um.

«Ich bin der Henning», stellte sich Henning vor, ein schlanker, drahtiger Enddreißiger mit einem dichten dunklen Vollbart. «Auf meinem Rasen befinden sich wieder einmal Ameisenhügel, die vom Lehmboden sehr klebrig sind. Bei Trockenheit werden sie steinhart, und der Rasen stirbt an diesen Stellen ab. Was kann ich tun?»

«Zu Ihrem Ärger und dem vieler anderer Gartenbesitzer hat sich bei Ihnen die Schwarze Wegameise (*Lasius niger*) angesiedelt und fühlt sich anscheinend dort wohl, erkennbar durch diese kleinen Erd- oder Sandhügel im Rasen.»

«Aber warum gerade im Rasen?», mischte sich Stefan ein, in dessen Garten wir saßen.

«Die Grashalme geben dem Bau mehr Stabilität, denn ihre nicht sehr hohen Nester bestehen hauptsächlich aus Erde», erwiderte ich. «Diese Ameisen stellen aber keine Bedrohung dar, sondern sind im Gegenteil unverzichtbar für unsere Gärten, denn sie sind effektive Schädlingsbekämpfer, da so manche Pflanzenschädlinge auf ihrem Speiseplan stehen. Sie haben die Rolle der Mülldeponie übernommen, tote Insekten und Pflanzenteile werden emsig von ihnen beseitigt. Obwohl ich zugeben muss, dass sie zur Bedrohung werden können, denn sie halten sich Nutztiere. So wie wir Schweine oder Hühner halten, so hegen, pflegen und schützen sie Blattläuse und Wurzelläuse vor ihren Feinden. Die scheiden nämlich wie die Schildläuse eine zuckerhaltige Lösung aus, genauer gesagt Honigtau, und da diese Ameisen Naschkatzen sind und der Honigtau die schönste Delikatesse, stehen sie auf Läuse.» Ich erwähnte es schon: Blattläuse ernähren sich vom Saft, den sie aus den Leitungsbahnen verschiedener Pflanzen saugen. Durch den hohen Druck in den Leitungsbahnen nehmen die Tiere viel Flüssigkeit auf, können aber nur wenig verwenden und geben daher einen Großteil in Form von Honigtau wieder ab.

«Aber wie betreiben die Ameisen denn, wenn man so will, ihre polizeiliche Schutzarbeit?», fragte Henning.

«Dazu haben sie eine erstaunliche Fähigkeit entwickelt, die Natur ist wirklich immer wieder faszinierend. Sie transportieren die Läuse zu den Pflanzen in der Nähe ihrer Bauten, und zwar hinauf zu den frischen, ertragreichen Triebspitzen. So sind ihre süßen Zapfsäulen nicht zu weit entfernt, sie haben sie in ihrer unmittelbaren Nähe. Ist der kurze Weg zu den Blattläusen absolviert, werden sie gemolken wie Kühe. Ich sagte ja, Nutztierhaltung.»

«Irgendwie klasse.» Sarah war beeindruckt.

«Verdammt clever.» Henning griente. «Aber jetzt verstehe ich auch, warum sie sich nicht nur bei mir im Rasen, sondern auch im Haus wohl fühlen, speziell in der Küche und in unserer Vorratskammer – da finden sie wohl immer was zum Schlecken.»

«Ja, Küchen sind für sie leckere und ertragreiche Nahrungsquellen. Durch Ritzen oder Löcher im Mauerwerk können ihre Straßen direkt dorthin führen. Wenn Sie jedoch dafür sorgen, dass Schlupflöcher und Nahrungsquellen ameisensicher verschlossen werden, verschwinden sie auch wieder.»

Ich erzählte noch einiges mehr über die Schwarze Wegameise, dass sie sehr anpassungsfähig sei, in nicht zu trockenen Gegenden im Rasen, unter Gehwegplatten oder unter Baumrinden lebe. Ab August verlassen geflügelte Ameisen, die fälschlicherweise von vielen als eigenständige Art bezeichnet werden, ihre Bauten. Bei ihnen handelt es sich aber um Königinnen und Könige auf ihrem Hochzeitsflug. Die Königinnen werden von den Königen befruchtet, wobei die männlichen Ameisen nur zur Befruchtung benötigt werden, nach der Hochzeit bleibt ihnen keine andere Wahl, sie müssen sterben. Tausende Königinnen machen sich dann auf, einen eigenen Staat zu gründen, wobei es nur wenigen von ihnen gelingt, diese anspruchsvolle Aufgabe zu meistern. Die geflügelten Wesen landen nur zu oft als nahrhafter Leckerbissen im Schnabel des einen oder anderen Vogels. Auch als Nahrungsquelle für Vögel sind Ameisen ein wichtiger Baustein in unseren Gärten.

Sollten sie dennoch überhandnehmen, gibt es hier ein paar nützliche Tipps, ohne gleich Chemie einsetzen zu müssen. Ich denke, dass diese kleinen Tierchen am Leben bleiben sollten, und das gelingt, wenn über die Nester an Gartenwegen oder im Rasen ein Tontopf, der mit leichter Blumenerde gefüllt ist, gestülpt wird. Das Ameisenvolk zieht in wenigen Tagen in den interessanten Topf und kann so umgesiedelt werden. Damit sich in dem alten Bau keine neuen Ameisen einmieten, sollte die leere Behausung mit Brennnesseljauche (siehe S. 47) übergossen werden. Wer will denn schon in eine stinkende Wohnung einziehen? Ameisen unterscheiden sich da, was ihre Geschmacksnerven betrifft, nicht sehr von uns.

Weiterhin gibt es in Gartencentern Eindringlinge zu kaufen, die so gar nicht als Mitbewohner akzeptiert werden, da können sie noch so biologisch sein und in Pulverform daherkommen. Gemeint sind die Nematoden, die kleinen, schon mehrfach genannten Fadenwürmer (siehe S. 146), die man in die Nester in Wasser aufgelöst einschleusen kann. Bemerken Ameisen die Anwesenheit der Nematoden, wittern sie Gefahr und bringen sich und ihre Brut in Sicherheit. Die Nester werden schlagartig, jedoch nur bedingt freiwillig verlassen, als Gartenbesitzer können Sie nur hoffen, dass sich die Ameisen bei einem unliebsamen Nachbarn niederlassen (wenn Sie überhaupt einen solchen haben). Würde ich Ihnen eine Handvoll Kakerlaken in Ihre Wohnung streuen, fühlen Sie sich auch nicht mehr wohl. Oder?

Falls Ihnen nicht gefällt, dass die Ameisen schnurstracks in Ihr Heim spazieren, können Sie die Wanderwege der Hautflügler mit Zimt bestreuen, auch Zitronensaft oder Essigsäure bringen sie vom Pfad ab (Ameisen steuern sich durch Duftstoffe, und zerstört man die Duftrouten der Nachhut, sind sie völlig irritiert; Zimt, Zitronensaft oder Essigsäure haben sich bei diesem Verwirrspiel bestens bewährt). Bis auf wenige Ausnahmen sind Ameisen für den Menschen harmlos, es sind absolut schützenswerte Tiere.

«Herr Wadas, kürzlich habe ich mir für den Garten eine Zwergnektarine gekauft, die gesund und prächtig aussah, als ich sie erstand.» Marie, Ende zwanzig mit roten Strähnen in ihrem kurzen braunen Haar, führte den Reigen der fragenden «Betriebsausflügler» fort. «Nach den letzten kühlen und feuchten Wochen hat sich dieses Bild jedoch verändert. Ich habe im Internet recherchiert und bin dabei auf die Kräuselkrankheit gestoßen. Welche Behandlung empfehlen Sie gegen diesen Pilzbefall?»

Viele Pflanzen haben es in unseren Regionen nicht geschafft, sich zu etablieren, dazu gehören Pfirsich, Aprikose, Nektarine und Co. Fast jeder dieser exotischen Bäume wird Opfer der gefürchteten Kräuselkrankheit, sogar im Gartencenter können sich diese Bäume mit ihr infizieren. Schwellen die Knospen dieser Gewächse an – das kann ab Januar passieren, wenn die Temperatur über 10 Grad steigt –, sitzen die Sporen dieses Pilzes in Lauerstellung. Die Blätter etwa eines Nektarinen- oder Pfirsichbaums zeigen nach der Ansteckung auffällige Kräuselungen, dazu gelbgrüne bis rötliche Ausstülpungen und Verdickungen. Schön sieht das nicht aus. Die neuen Triebe haben ein oft gestauchtes Aussehen, der Anblick der Blattbüschel kann einem Pflanzenliebhaber das Herz zusammenziehen, so elendiglich ist ihr Wuchs. Viele Früchte und auch ein Teil der Blätter fallen meist vorzeitig ab. Es gibt Sorten, die nicht ganz so anfällig sind, die Nektarine von Marie gehörte nicht dazu.

Es gibt aber einen Trick, der zwar nicht zu 100 Prozent hilft, doch 90 Prozent sind auch eine Ansage. Diesen Trick verriet ich ihr.

«Kennen Sie Johanni?», fragte ich.

Sie schüttelte den Kopf.

«Johanni oder auch Johannistag ist alljährlich der 24. Juni, kurz nach der Mittsommernacht oder Sommersonnenwende am 21. Wir sind nur noch wenige Tage davon entfernt.»

«Und wieso Johanni?», fragte Marie nach.

«In christlicher Tradition wird an diesem Tag die Geburt Johannes' des Täufers gefeiert. Nach diesem Datum werden die Tage wieder kürzer. Das merken auch unsere Pflanzen. Wenn Sie bis Johanni alle befallenen und kranken Blätter von Ihrer Nektarine entfernen, wird Ihr Baum alle Blätter neu treiben, ohne Schaden zu nehmen. Bis Johanni glauben Pflanzen nämlich, sie hätten Reservestoffe bis zum Abwinken, zumal Pflanzen nicht an ein Morgen denken. Sie gehen davon aus, dass sie ohne Ende Photosynthese betreiben und wachsen können, was das Zeug hält. Aber wehe, es kommt der 24. Juni, dann werden sie mit der Realität konfrontiert. Durch die kürzer werdenden Tage merken sie, dass der Sommer nicht ewig dauert und es wie eh und je nach den tollen Tagen einen Winter gibt. Jetzt heißt es, Reservestoffe einzulagern. Ein kleines Beispiel: Wird etwa eine Ligusterhecke vor dem 24. Juni geschnitten, wird das, was man entfernt hat, komplett nachtreiben, so als hätte man die Hecke nie geschnitten. Nach Johanni treibt da erkennbar weniger nach.»

«Puh, noch mal Glück gehabt», sagte Marie. «Noch ein paar Tage habe ich Zeit.»

Maries Problem erinnerte mich an einen Hausbesuch bei einer betagten Dame aus Stöckheim in der Nähe von Wolfenbüttel.

Adele Spangenberg hatte mich angerufen, meinte, sie bräuchte dringend einen Arzt für Olivia. Ich stutzte einen Augenblick, dachte, auch die ältere Dame hätte mich wohl, wie schon so einige andere, mit einem Naturheilkundler verwechselt, der sich ihre Schwester oder eine Freundin ansehen sollte.

«Meinen Sie auch wirklich mich?», fragte ich nach.

«Sie und keinen anderen», erklärte Frau Spangenberg energisch.

«Aber Olivia ...!»

«Olivia ist ein Olivenbaum», wurde ich aufgeklärt. «Er steht seit sechs Jahren in meinem Garten und soll 1000 bis 1200 Jahre alt sein. Dieses Mal hat er den Winter nicht gerade glimpflich überstanden. Ich gestehe, mir war nicht bewusst, dass es für ihn durch den fehlenden Schnee zu trocken war, ich habe schlichtweg versäumt, ihn zu gießen. Die Krone ist komplett trocken, in den Ästen ist aber noch Saft. Am Stamm sprießen Ableger. Ich bin jetzt ratlos, ob ich ihn komplett runterschneiden soll oder nicht. Ehrlich gesagt, bin ich in dieser Beziehung auch zu ängstlich, schließlich ist er mein Lieblingsbaum. Ich jedenfalls würde mich freuen, wenn Sie einen Blick auf Olivia werfen und mir mit Rat und Tat zur Seite stehen könnten.»

Dieser Baum gehörte zu meinen ältesten Patienten, und ich nehme an, dass das eine Weile so bleiben wird. Es war bislang auch noch nicht so oft vorgekommen, dass der Patient, zu dem ich gerufen wurde, einen so schönen Namen hatte.

«Was macht denn ein so alter Olivenbaum in Wolfenbüttel?», fragte ich Adele Spangenberg, als ich bei ihr eingetroffen war. Auf der Fahrt hatte ich mir überlegt, dass ein solch alter Baum für die Geschichte von Wolfenbüttel und Stöckheim nicht unbedingt etwas Ungewöhnliches war. Schon 1552 hatte es eine erste Erwähnung von Gärten vor der Festung Wolfenbüttel gegeben, und der damals regierende Herzog vergab Gartenland aus seinen Vorwerksländereien gegen Erbenzins. Sechzehn Jahre später zählte man fünfundvierzig Gärten, davon neunundzwanzig in Richtung Groß Stöckheim. Nicht zu vergessen, dass 1586 Herzog Julius fünf der Kartoffeln erhielt, die Sir Francis Drake aus Amerika mitgebracht hatte. Doch alle meine von langer Tradition eingefärbten Überlegungen, die ich auch Frau Spangenberg vortrug, wurden von ihr mit einem Schlag zunichtegemacht.

«Was Sie sich da zurechtgelegt haben», sagte sie, «ist ja schön und gut, aber hinter Olivia steckt ein Geschäftsmodell.»

«Wie ist das zu verstehen?»

«In den Oliven-Anbaugebieten Südeuropas sind einige findige Geschäftsleute auf die Idee gekommen, alte Olivenbäume, die nicht mehr genügend abwerfen und für die Ernte unbrauchbar geworden sind, auszubuddeln. Dann pflanzen sie die Bäume in große Kübel und verkaufen sie weltweit.»

Aha, so konnte es sein, dass ein Olivenbaum, der Hunderte von Jahren in der Toskana verbracht hatte, auf einmal in Stöckheim landete und sich auf die alten Tage noch in einer neuen Heimat zurechtfinden musste.

Als ich schließlich nähere Bekanntschaft mit Olivia machte, musste ich als Erstes der anderen betagten Dame, Frau Spangenberg, berichten, dass der Baum nicht so alt war, wie seine Menschenfreundin angenommen hatte.

«Was?», rief diese empört aus. «Nicht nur, dass man die Bäume entsorgt und aufs Abstellgleis schiebt, da wird man auch noch glatt belogen. Richtige Verbrecher.» Sie konnte sich kaum einkriegen, doch als sie sich etwas beruhigt hatte, fragte sie: «Und wie alt ist Ihrer Meinung nach Olivia?»

«Noch ziemlich jung, 300 Jahre, das kann ich an ihrem Umfang bestimmen, sie hat noch gut 800 Jahre vor sich. Und dass das auch klappt, dafür bin ich ja da.»

Olivia kannte aus Italien andere Wetterverhältnisse, und deshalb hatte sie es in Niedersachsen ziemlich schwer, sich zu behaupten, trotz globaler Erwärmung. Diese sorgt vielleicht dafür, dass unsere Winter durchschnittlich wärmer werden und weniger Schnee fällt, was Olivia natürlich zugutekam, aber klirrend kalte Frostnächte musste sie dennoch aushalten. Und durch diese hatte der Baum im vergangenen Winter reichlich gelitten. Der Frost hatte in den Blattspitzen gewütet und sie zum Absterben gebracht. Olivia hatte in ihren 300 Jahren bestimmt schon den einen oder anderen Frost miterlebt, aber sicher nicht einen solchen, wie er hier in Stöckheim üblich ist.

«Wird der Baum es schaffen?», fragte Adele Spangenberg mit schmalen Lippen.

«Olivia muss erst einmal wieder Kraft sammeln», erklärte ich. «Zur Stärkung erhält sie von mir einen Pflanzencocktail, sodass sie neue Blätter und Triebe bilden kann. Dennoch: Der nächste harte Winter in dieser Gegend wird unweigerlich kommen, und dafür muss Vorsorge getragen werden, der Baum darf nicht mehr frieren.»

«Soll ich etwa wie eine Großmutter in den Handarbeitskorb greifen und Olivia einen Mantel stricken oder häkeln? Die jungen Leute machen das doch jetzt, Urban Knitting nennen sie das und meinen, auf diese Weise Städte zu verschönern. Nee, nee, ich hab genug in meinem Leben gestrickt, davon habe ich die Nase voll.»

«Sie müssen auch nicht stricken, aber Ihr Olivenbaum braucht einen Schutz. Ich könnte, bevor der nächste Frosteinfall eintritt, ein Gestell aus Dachlatten direkt über Olivia zimmern, das ich dann mit einer Noppenfolie abdecke, das würde jedenfalls helfen, ihr eine frostfreie Umgebung zu verschaffen. Dazu würde ich eine einfache Lichterkette, kein LED, um den Baum wickeln, und sollte es Frost geben, schalten Sie diese an, das bringt in das selbstgebaute Gewächshaus genügend Wärme.

Noch ein kleiner Tipp: Da Olivia noch ein paar Jährchen vor sich hat, empfehle ich UV-stabile Noppenfolie, so hält das Gewächshaus auch ein paar Jahre.»

«Ein eigenes Gewächshaus für meinen geliebten Baum, das gefällt mir. Aber wie sieht es mit dem Schneiden aus? Holen Sie Ihre Schere hervor?»

«Die lasse ich dieses Mal in der Tasche. Warten wir ab, bis der Baum wieder durchgetrieben hat, dann schneide ich nur das ab, was wirklich vertrocknet ist.»

Es war mir eine Ehre gewesen, Olivia kennenzulernen, sie hält es noch immer in Stöckheim aus. Alle Achtung.

Auf der Gartenparty in Berlin folgte eine Frage nach der anderen, mein vorbereitetes Programm konnte ich vergessen. Da ich die Einladung in Zeiten von PowerPoint-Präsentationen erhalten hatte, war ich mit meinem gesamten Equipment angereist. Folien über Schadbilder hatte ich vorbereitet und in mein Auto gepackt, ebenso einen Leitfaden für den gesunden Garten. Mit von der Partie waren Scheren für den perfekten Rosenschnitt und Spaten für das Teilen von Stauden. Und nicht zu vergessen: eine Menge Kräuter für den Pflanzenschutz, ich hatte den Polizisten eine etwas andere Kochshow präsentieren wollen, die Hexenküche für den Garten.

Von alldem kam nichts zum Einsatz, was aber nicht weiter schlimm war, das Spontane ist meist sowieso besser.

Aus den zwei Stunden wurden vier. Wir alle hatten großen Spaß, zwischendurch gab es Iberico-Schweinenacken vom Grill, danach ging das große Fragen weiter, und voller Freude verteilte ich mein Gartenwissen. Der Abend war so schön, dass ich dachte, so etwas müsste man bewusst anbieten. Und so war die Tupperparty im Garten geboren.

KAPITEL 19

SONNENSCHIRME FÜR FEIGENBÄUME

Der Herbst ist eine besondere Jahreszeit für blättertragende Bäume und viele Gartensträucher, denn endlich können sie mal eine Pause einlegen, müssen nicht mehr Photosynthese betreiben, stattdessen sammeln sie Energie, um durch den Winter zu kommen. Die Zeit der grünen Blätter ist vorbei – außer man ist Eigentümer eines immergrünen Gewächses. Hecken und Sträucher werden nun bunt, es leuchtet in Gelb, Orange, Braunrot, Feuerrot. Auch der Wassertransport ruht nach und nach, denn bei Frost würde ein noch perfekt funktionierendes Leitungssystem angegriffen werden, die Blätter würden erfrieren und damit die gesamte Pflanze.

Im Herbst gibt es für mich viel zu tun, viele Fehler habe ich bei meinen Hausbesuchen zu regulieren. Nicht jeder kann Bäume selbst schneiden, und doch versuchen es viele Leute, sodass Obstbäume schon manchmal arg verstümmelt aussehen. Durch eine richtige Behandlung müssen sie dann wieder in Form gebracht werden.

Im Spätsommer und Herbst treten auch einige Krankheiten auf, die in anderen Jahreszeiten unbekannt sind. Dazu gehört zum Beispiel die Schleimflusskrankheit, eine bakterielle Infektion, die häufig an Buchen zu beobachten ist. An einem von ihr befallenen Baum tritt ein flüssiger schwarzer Schleim aus, der am Stamm hinunterläuft und wie Hulle stinkt, und schön sehen diese handtellergroßen schwarzen Wunden auch nicht aus. Die Krankheit ist nicht ohne, sie schwächt den Baum, ein hohes Alter ist ihm nicht beschieden, am Ende kann es

Buchenrindennekrose,
Schleimflusskrankheit der Buche

sogar letal für ihn ausgehen, wenn sich an den Wundstellen noch mehr Bakterien und Pilze niederlassen. In der Folge können holzbohrende Insekten wie der Nutzholzborkenkäfer oder der Werftkäfer an den Baum heran.

Der Krankheitsverlauf ist komplex, ein von der Schleimflusskrankheit betroffener Baum muss aber nicht gleich umgeholzt werden, obwohl dies in Buchenwäldern meist von den Forstwirtschaften angeordnet wird, da erkrankte Bäume sonst gesunde anstecken können. Sie können nicht wie Zimmerpflanzen auf eine Quarantänestation gebracht werden. Leider.

Doch was können Sie tun, wenn bei Ihnen im Garten eine erkrankte Buche steht? Sammeln Sie die Wurzeln von Kletten (*Arctium*), sie sind im Herbst voll mit Reservestoffen, die die violett-rot blühende Pflanze für den Winter eingelagert hat. Sie alle kennen Kletten, sie haben so hakige Dickköpfe, die im Fell von Tieren oder an den Klamotten von Spaziergängern kleben bleiben, mal sind sie größer, mal kleiner. Schon im antiken Griechenland war die Klette als entzündungshemmende Heilpflanze bekannt, ein Brei aus Klettenwurzeln wurde zur Behandlung von Wunden, Ausschlägen und Geschwüren benutzt. Die Generation meiner Großeltern verwendete Klettenöl, um es sich in die Haare zu schmieren, wenn sie auf der Kopfhaut Flechten oder andere Infektionen entdeckt hatten. Dieses alte Wissen ist nicht vergessen.

Zerkleinern Sie die ausgegrabenen Wurzeln, kochen Sie diese aus, bis ein Klettenöl zurückbleibt. Mit ihm sprühen Sie die Wunden Ihrer Gartenbuche ein. Das Klettenöl entzieht den Bakterien die Nahrungsgrundlage. Eine normale Medizin können Sie für Ihre Buche nicht kaufen, es gibt kein Penicillin für Bäume. Aber man kann nachschauen, was die Natur gegen einen bakteriellen Befall «erfunden» hat. Meine Erfahrung ist: Wer lange genug sucht, findet immer etwas.

Wird es draußen langsam kühl und klingeln die Nachtfröste an der Haustür, ist es an der Zeit, die Kübelpflanzen ins Warme zu holen. Diese und ihre Mitbewohner würden gerne wie die Zugvögel in den Süden wandern, denn von dort kommen sie meist her, das geht aber nicht. Die Kübelpflanzen strotzten im Freien nur vor Gesundheit, doch kaum sind sie in die Wohnung umgezogen, mit Vorliebe ins Schlafzimmer – so bekomme ich auch das eine oder andere Schlafzimmer in Deutschland zu Gesicht; sehr interessant! –, weil es da ja nicht so warm ist, sehen sie von Tag zu Tag trauriger aus. Vorher voll mit Blättern, lassen sie nun alles fallen, jeden Tag können Blätter vom Boden gefegt werden. Was ist los? Draußen auf der Terrasse oder dem Balkon hatte die Pflanze genügend Licht gehabt, um alle Blätter mit

Nährstoffen zu versorgen. Im Schlafzimmer bekommt sie nicht genug davon.

Ein kleiner immergrüner Zitronenbaum zum Beispiel: Im Sommer stand er auf der Terrasse und freute sich über jeden Sonnenstrahl, Kummer gab es keinen, der Terrakottaübertopf passte, das Bäumchen bekam nicht zu viel und auch nicht zu wenig Wasser, und der Besitzer war glücklich, erst über die bestechend cremeweißen und wunderschön duftenden Blüten, dann über die auffallend gelben Früchte, das dunkelgrüne, glänzende Blattwerk. Jeder Blick auf die Zitrone war ein Hauch Süden, Ferien am Mittelmeer stiegen als Erinnerung auf, für einige Momente waren heimische Harzlandschaft, Sauerland oder Eifel vergessen.

Gerade diese mediterrane Kübelpflanze kann Frost nicht ausstehen, reagiert darauf äußerst empfindlich. Jeder Eigentümer eines Zitronenbaums weiß das, ein Standortwechsel wird zwingend notwendig. Die Terrasse wird nun eingetauscht gegen ein Dasein – nein, diesmal nicht im Schlafzimmer, sondern im Wohnzimmer inklusive Fußbodenheizung (eine normale Heizung reicht aber auch aus für das, was nun passieren wird). Luxus hin oder her, diese Pflanze weiß ihn nicht zu schätzen. Wenige Wochen sind vergangen, manchmal nur Tage, und sämtliche Blätter werden immer heller, kleine gelbe Stiche sind auszumachen, hundertfach, tausendfach. Beim genauen Hinsehen erkennt man kleine Spinnweben. Wurde etwa zu wenig Staub im Wohnzimmer gewischt? Das dürfte in einer Wohlfühloase nicht vorkommen!

Zur Beruhigung aller Gemüter: Es liegt nicht am Staub. Es liegt an den neuen Mitbewohnern des Zitronenbaums, kleinen Spinnentierchen, den Gemeinen Spinnmilben (*Tetranychidae urticae*), typische Winterschädlinge. Die haben nur auf die Zimmerhaltung gewartet, darauf, dass der Baum in die Heizungsluft reingeholt wird, sie kennen das Prozedere, haben es in ihren acht Beinchen einprogrammiert (alle Spinnentiere haben acht Beine). Sechs Beine dieser kleinen Tiere sind ganz normal gestaltet, zwei Beine sehen jedoch so aus, als wären an ihnen kleine Köfferchen angeklebt, als wüssten sie, wann es Zeit ist, auf Reisen zu gehen.

Sobald die Spinnmilben im Warmen und Trockenen sind, werden sie so richtig munter und vermehren sich explosionsartig. Unermüdlich stechen sie mit ihren stachelartigen Saugorganen vorwiegend die Blattunterseiten an und saugen den Blättern das Blattgrün aus. Was ist der leckere Pflanzensaft aber auch köstlich! Der Zitronenbaum kann nichts gegen die Biester unternehmen, einzig Notrufe aussenden, indem er Blätter fallen lässt. Viele Besitzer denken dann bei diesem traurigen Anblick, dass es ihrer mediterranen Pflanze an Licht mangelt, suchen im Wohnzimmer nach dem sonnigsten Plätzchen. Aber in diesem Fall hat es nichts mit einem Lichtmangel zu tun. Beim genauen Hingucken sieht man dort, wo die Blätter heller sind, lauter kleine Pünktchen. Ein typisches Zeichen dafür, dass im Zitronenbaum die Spinnmilbe sitzt.

Zum Glück haben Spinnmilben auch so ihre Eigenheiten, völlig anspruchslose Wesen sind sie nun wahrlich nicht. Sie favorisieren trockene Luft, verabscheuen jede Form von Feuchtigkeit. Wenn man also etwas gegen die mehrbeinigen Tierchen unternehmen möchte – und sie sind nicht nur auf Zitronenbäumen unterwegs, sie sind auch beim Oleander zur Stelle, wenn es ins Haus geht –, hilft ein einfacher Trick: Mit einem Handsprüher geht es dann an die Pflanze, einzig mit Wasser gefüllt. Anschließend stülpe ich einen durchsichtigen Plastiksack über das Bäumchen, binde diesen zu und lasse das Gewächs dann zwei, drei Tage so stehen. Unter dieser Haube entwickelt sich eine hohe Luftfeuchtigkeit, sehr zum gründlichen Missfallen der Milben. Sie sterben, denn sie können dieses «raue» Klima nicht vertragen.

Bei den Kübelpflanzen gibt es oft Probleme mit den hübschen Exoten, so auch mit der Strelitzie (*Strelitzia reginae*), einem Bananengewächs, nicht von ungefähr auch Paradiesvogelblume genannt. Und weil ihre Heimat Südafrika ist, erfordert es mehr Einsatz als bei anderen Pflanzen, sie in unseren Breitengraden bei Laune zu halten. Strelitzien blühen farbenprächtig in Orange und Blau, wenn in Südafrika Sommer ist und bei uns Winter. Nur: Sie wollen nicht immer blühen, wenn es bei uns weihnachtet. Und dann heißt es: Warum blüht meine Strelitzie nicht, ich habe sie doch ins Warme geholt?

Das hat damit zu tun, dass auch Pflanzen – nicht anders als Menschen oder Tiere – einen Biorhythmus haben. Bei Pflanzen bestimmt er zwar nicht die Herzfrequenz, den Schlaf-wach-Rhythmus, die Körpertemperatur, die Konzentration verschiedener Hormone im Blut oder den Blutdruck, aber er zeigt sich auf anderer Ebene. So steuert die biologische Uhr bei ihnen beispielsweise die Blattbewegungen – viele Pflanzen wenden sich je nach Stand der Sonne zu – oder das Öffnen der Blüten. So werden Blüten geschlossen, wenn die Sonne untergeht, geöffnet, wenn sie hoch am Himmel steht. Manche Pflanzen haben über mehrere Tage durchgehend geöffnete Blüten und produzieren dabei tagesperiodisch in unterschiedlicher Menge Duftstoffe und Nektar. Bestäuber merken sich solche günstigen Zeiten. Umgekehrt haben sich im Laufe der Evolution auch Pflanzen entwickelt, die nur nachts ihre Blüten öffnen. Darauf haben sich etwa die Nachtfalter eingestellt. Ein anderer biologischer Rhythmus ist die vom Sonnenlicht abhängige Photosynthese.

Die äußere Ursache für all das ist die Eigenrotation der Erde. Denn als sich vor etwa einer Milliarde von Jahren die ersten Organismen bemerkbar machten, geschah das im Einklang mit der Natur. Das Licht von Sonne und Mond, der Wechsel von Tag und Nacht – dies war und ist noch immer der Taktgeber für Aktivitäts- und Ruhephasen auch bei Pflanzen. Dabei ist das richtige «Timing» wichtig, es verleiht ihnen einen Überlebensvorteil, sie können so auf Veränderungen in der Natur reagieren und sich entsprechend anpassen. Die Evolution ist somit eng mit der Entwicklung von biologischen Rhythmen verbunden.

Nun kann die innere Uhr der Strelitzie aber vollkommen aus dem Takt geraten, wenn ihre Aktivitäts- und Ruhephasen konträr zu den Jahreszeiten sind. In unserem hiesigen Sommer wollen sie sich auf ihren großen Auftritt vorbereiten, der aber in unseren Wintermonaten liegt. Keine einfache Sache für ein solch verpflanztes Wesen, das nun blühen soll, wenn bei uns die Tage kurz und zudem kühl sind. Es sieht sogar richtig schlecht für sie aus, wenn sie im Sommer noch nicht einmal genügend Nährstoffe bekommen hat, um Reservestoffe für solch herausfordernde Bedingungen einzulagern. Diese braucht sie aber, damit es bei Schnee und Eis vor den Fenstern eine wahre Blütenschlacht gibt.

Also, den Sommer über gut füttern, am besten schon ab April, damit die Strelitzie hinterher die paradiesischen Blüten bringt, die Sie sich so sehr wünschen. Und gut füttern bedeutet, sie jede Woche mit einem nicht ganz so billigen Dünger zu versorgen. Das gilt nicht nur für die Strelitzie in Kübeln, sondern auch bei einer Zimmerpflanzenhaltung. Viele düngen sie nur zwei- bis dreimal im Jahr, noch dazu habe ich mehrfach bei meinen Hausbesuchen einen Flüssigdünger auf dem Fensterbrett stehen sehen, der seinen Namen nicht verdient. Was einen guten Dünger auszeichnet, habe ich schon beschrieben. Ohne eine reichhaltige Nährstoffzufuhr stellt die Strelitzie die Blüte

Sonnenschirme für Feigenbäume

ein, bringt nur noch Blätter hervor, die schnell von außen nach innen braun werden. Nicht zu vergessen: ordentlich gießen.

Manche frostempfindliche Pflanze lässt sich erst gar nicht ins Haus oder in den Wintergarten transportieren, weil sie zu groß ist, weil sie im Garten wächst und nicht in einem Kübel. Dennoch braucht sie einen Wintermantel, um eisige Nächte zu überstehen.

Max Gräve bat mich im Spätherbst, zu ihm zu kommen, ich sollte mir unbedingt seinen Feigenbaum (*Ficus carica*) ansehen. Feigenbäume stammen aus Kleinasien, gehören zu den ältesten Kulturpflanzen, sind aber nicht unbedingt winterhart.

«Diese Feige», erklärte er, als ich bei ihm in Wolfenbüttel eintraf, «wächst schon seit einiger Zeit bei uns im Garten. Vor genau sechs Jahren hat sie einen neuen Standort erhalten, sie steht dort etwas sonniger und geschützter.» Max Gräve liebte diesen Feigenbaum, das war nicht zu überhören. Er arbeitete für eine Firma als Texter, war schmal und blass, an den Seiten leicht ergraut; auf diesen Baum zu achten, schien für ihn ein Ausgleich zu seinem stressigen Job zu sein. Nicht jeder favorisiert Joggen oder Fliegenfischen. «Drei Jahre hat sie gebraucht, um sich an diesen Platz zu gewöhnen», fuhr Max Gräve fort. «Seitdem wird's immer besser mit ihr. In diesem Jahr hat sie sogar Früchte getragen. Das war eine kleine Sensation für uns.»

«Na ja», sagte ich vorsichtig. «Ihre Feige ist dreieinhalb Meter groß, da darf sie schon Früchte tragen ...»

«Aber das ist auch meine Sorge, also die Größe. Sie fühlt sich inzwischen an ihrem neuen Ort sauwohl, was ich daran erkannt habe, dass sie extrem gewachsen ist. Vorher war es nie ein Problem, sie im Winter einzupacken, ich deckte sie jedes Mal mit einem Leinensack ab. Doch bei dieser Größe? Wie soll das gehen? Ich habe mich natürlich auch gefragt, ob ich sie überhaupt noch schützen muss.»

«Allgemein heißt es, dass Feigenbäume bis zum Alter von zehn Jahren frostempfindlich sind», erklärte ich. «Ihr Baum liegt an der Grenze. Bei unter zehn Grad minus könnten die Triebe immer noch abfrieren und die Wurzeln stark geschädigt werden. Wichtig ist, Ihre Feige im Wurzelbereich gut mit Laub zu schützen. Die Minustemperaturen sind nicht so problematisch, der Frost macht ihr zu schaffen. Gibt es über einen längeren Zeitraum extreme Minusgrade, friert der Boden. Scheint dabei die Sonne, und bei Frostwetter ist das nicht selten, auf das Holz, wird Wasser verdunstet. Da die Erde jedoch gefroren ist, kann sie kein neues Wasser aufnehmen. Es besteht die Gefahr, dass sie vertrocknet. Einen solchen Frostschaden können Sie aber durch einen Verdunstungsschutz verhindern.»

«Verdunstungsschutz?» Max Gräve rieb seine Hände gegeneinander, es war empfindlich kühl an diesem Herbsttag.

«Ja. Leider schützt Jute nicht vor eisigen Temperaturen. Wäre es so einfach, würden wir unsere Häuser mit Leinen umwickeln und bräuchten nicht zu heizen. Meine Devise lautet: Im Winter ist jede immergrüne Pflanze vor direkter Sonneneinstrahlung zu schützen.»

«Habe ich Sie richtig verstanden, ich soll meine Feige vor Sonne schützen wie mit einem Sonnenschirm?», fragte Max Gräve erstaunt.

«Genau, wir Gärtner nennen das Schattieren. Natürlich funktioniert das auch mit einem ausrangierten Sonnenschirm, da haben Sie genau ins Schwarze getroffen. Statt eines Sonnenschirms nutzen wir Gärtner dafür allerdings Schattierleinen, wie Sie es auch im Baumarkt bekommen.»

Mit diesen Vorkehrungen würde die Feige von Max Gräve den Winter sicher gut überstehen und könnte auch im kommenden Jahr wieder Früchte tragen.

KAPITEL 20

HOCHBEETE UND TEICHE – HERBSTARBEITEN

Werden Hundertjährige gefragt, was denn das Geheimnis ihres so langen Lebens sei, erklären nicht wenige, dass die Gartenarbeit sie glücklich gemacht habe, das Werkeln im Freien, die Langsamkeit, mit der sie vorgehen konnten, nichts habe da dringende Eile gehabt, alles sei in einer gewissen Weise überschaubar gewesen, beim Graben und Harken seien einem die besten Ideen gekommen. Kein Wunder, dass Ratgeber übers Älterwerden – in denen erklärt wird, wie man sich mit sechzig plus noch so fit fühlt wie mit fünfzig (am besten noch jünger) – stets die Gartenarbeit empfehlen, als wäre jeder Mensch ein geborener Gärtner, als wäre Gärtnern nichts weiter als eine gesunde Zenmeditation.

Das mag in gewisser Weise auch richtig sein, dennoch muss ganz ehrlich gesagt werden, dass der Garten in jungen Jahren viel mehr Spaß macht als in älteren. Ist man noch voller Elan, kann der Garten nicht groß genug sein, sehnsüchtig fällt der Blick auf Nachbars Grundstück, das hätte man auch noch gern, denn dann hätte man fast einen kleinen Park, was man da nicht alles gestalten könnte ... Doch mit jedem Jahrzehnt mehr wird das Rasenmähen und Bäumeschneiden anstrengender. Erst recht das Bücken in den Beeten, um hier Giersch und dort Gräser zwischen den Beeten herauszuzupfen – seltsamerweise kommt es einem vor, als hätte es früher nicht so wild zwischen Lupinen und Dahlien gewuchert. Früher war sowieso alles besser. Und wenn das auch nicht unbedingt stimmt, auf den Rücken trifft es meist zu. Die vielen Schmerzgels, für die häufig nachmittags im Fernsehen Werbung gemacht wird, sprechen eine deutliche Sprache. Da jault man fast auf, wenn man sich nach getaner Gartenarbeit auf dem Sofa ausruhen muss.

Nachdem Hilde Wiedefeld das einige Male erlebt hatte, kam sie ins Grübeln. Sie liebte doch ihren Garten, aber immer häufiger träumte sie von einem Gärtner, der alles in Ordnung hielt, so wie auf den Anwesen, die in den Rosamunde-Pilcher-Verfilmungen immer so schön in Szene gesetzt werden. Und stach in den Filmen mal eine patente und reiche Eigentümerin selbst mit dem Spaten in die duftende Rosenbeeterde, fiel sie auch gleich um (zum Glück nie in die Dornen, sondern auf den weichen Rasen von Cornwall). Schwächeanfall. Unterschiedlich von den Erben aufgenommen. So weit durfte es nicht kommen, befand Frau Wiedefeld aus dem niedersächsischen Eicklingen in der Nähe von Celle, nachdem sie den ganzen Sommer damit zugebracht hatte, ihren Garten in Schuss zu halten.

«Einen Gärtner kann ich mir nicht ständig leisten, auf meinen Garten will ich aber nicht verzichten, Sie müssen ihn so umgestalten, dass ich noch in zehn Jahren meine Freude an ihm habe. Perfekt für eine alte Schachtel wie mich und möglichst schädlingsfrei.» Den Anruf erhielt ich, als ich gerade eine Ecke in meinem Garten wieder auf Vordermann gebracht hatte, durch viele Hausbesuche war ich nicht dazu gekommen, mich genügend um den eigenen Garten zu kümmern, ich hatte ihn sogar schmählich vernachlässigt. Harte Arbeit war das gewesen, was ich bislang geleistet hatte, irgendwie ziepte es hier und da, aber bei Kaffee und Kuchen unter unserem Apfelbaum und dem Baumhaus der Kinder war alles schnell wieder vergessen.

«Man soll ja nicht nach dem Alter von Frauen fragen», sagte ich bei dem Gedanken an die «alte Schachtel», «aber vielleicht wäre es ganz nützlich, wenn Sie es mir verraten würden.»

«Vierundsiebzig», erklärte die Anruferin resolut, als hätte

sie stolze vierundneunzig genannt. «Und damit Sie mich nicht missverstehen, ich bin keine von denen, die jünger sein wollen, als sie sind. Sie kennen doch sicher den Spruch: ‹Das Alter, das man haben möchte, verdirbt das Alter, das man hat.› Daran halte ich mich. Aber ich will durch meinen Garten auch nicht um Jahre altern. Er muss pflegeleichter werden. Daran geht kein Weg vorbei.»

Den Spruch kannte ich nicht, er gefiel mir aber, ich wollte ihn mir merken, sollte ich mal dem Jugendwahn verfallen.

«Was für einen Garten haben Sie denn?», wollte ich nun wissen.

«Einen großen Bauerngarten mit einem nicht minder großen Gemüsegarten, der einst unsere ganze Familie ernährt hat und viele Freunde und Nachbarn noch mit. Leider fehlt die Nachfolge, meine Kinder sind weggezogen und haben sich einen eigenen Garten angelegt, mein Mann ist leider vor zwei Jahren verstorben. Der Garten war sein Ein und Alles, hätte er ihn nicht gehabt, er wäre sicher schon früher an einem Herzinfarkt gestorben. Er brauchte ihn als Ausgleich für seinen Beruf als Verwaltungsbeamter. Ich habe immer gern mitgeholfen, aber in den vergangenen Wochen bin ich zu dem Entschluss gekommen, dass ich nicht mehr imstande bin, den Gemüsegarten so zu pflegen, wie es notwendig wäre. Würde ich das tun, hätte ich das Elend in den Blumenbeeten. So kann es nicht weitergehen.»

Hilde Wiedefeld bat um einen Hausbesuch, schon am nächsten Tag fuhr ich zu ihr hin, so konnte ich mich in meinem eigenen Garten vorm Umgraben drücken. Eine kräftige Frau mit halblangen weißen Haaren und vielen Lachfalten im Gesicht öffnete mir die Tür. Sie war mir sofort sympathisch, sie packte mich auch gleich am Arm und zog mich in ihren Garten.

«Schön, nicht wahr?», sagte sie, als sie mich herumgeführt hatte.

Der Garten war wirklich ein Traum, goldenes Spätseptemberlicht ließ alles bunt leuchten, er war mit viel Liebe und Wissen angelegt, die Reihen mit Gemüse im hinteren Teil sahen aus, als hätte sie jemand mit einem Lineal gezogen, alles wuchs, als wollte das Gemüse geradestehen, Wächter für das vordere Blütenmeer sein.

«Ja, wunderschön», bestätigte ich.

«In der vergangenen Nacht, seit unserem Telefonat, ist mir klargeworden, dass ich den Gemüsegarten aufgeben will. Was soll die ganze Ernte für mich allein? Da müsste ich fünf Tiefkühltruhen im Keller stehen haben, um alles einzufrieren. Überall in der Gegend gibt es Bauernmärkte, wenn ich nicht im Supermarkt einkaufen will. Das ist ein schwerer Entschluss gewesen, aber ich halte ihn für einen guten. Meine Priorität sind die Blumenbeete, ich will nur noch einen Garten für die Augen und die Nase, nicht auch noch einen für den Gaumen und den Magen.»

«Ich an Ihrer Stelle würde das Gemüsegärtnern nicht ganz aufgeben. Ob auf dem Markt oder im besten Supermarkt gekauft, Ihnen wird das Gemüse nicht schmecken. Ich garantiere Ihnen, Sie werden es bereuen, da bin ich mir ziemlich sicher.»

«Aber diese üppige Ernte ...» Frau Wiedefeld sah ein wenig unglücklich aus. Sie hatte vielleicht gehofft, ich würde ihr sofort zustimmen. «Und mein Kreuz. Dieses lästige Bücken, dieses ewige Krummmachen des Rückens, das gefällt mir gar nicht.»

«Warum versuchen Sie es nicht mit einem Hochbeet?»

«Hochbeet, diese neumodischen Dinger?»

«Ich finde diese Hochbeete eigentlich gar nicht neumodisch, sondern so was von praktisch. Wenn sie auf Ihre Höhe gebaut sind, müssen Sie sich überhaupt nicht mehr bücken, bequem können Sie von allen Seiten an Ihre Tomaten, Zucchini, Kartoffeln, Römersalate oder Kräuter drankommen. Nicht zu vergessen: Für Schnecken ist dieser senkrechte Aufstieg nur bedingt attraktiv. Und wenn sie meinen, es Reinhold Messner gleichtun zu müssen, so können Sie die Gipfelstürmer auf dem Weg nach oben ohne große Schwierigkeiten absammeln, bevor sie ihr Ziel erreicht haben und die Gemüsepflanzen kapern können.»

Hochbeete sind ideal, insbesondere wenn man später eine Gehhilfe braucht, trotz einer solchen kann man seine Pflanzen ohne zu große Mühsal pflegen. Selbst Rollstuhlfahrer haben – angepasst an ihre Höhe – dadurch eine Möglichkeit, ihr geliebtes Gärtnern fortzusetzen. Ich finde es toll, wenn man, körperliche Einschränkungen hin oder her, nicht auf das selbstgezogene Gemüse verzichten muss. Und Hochbeete erfreuen sich einer großen Beliebtheit, und das nicht nur bei der älteren Generation.

«Der Gedanke gefällt mir, zumal ich ja auch an die nächsten Jahre denken muss», sagte Hilde Wiedefeld nach einer Weile konzentrierten Nachdenkens. «Aber kosten diese Hochbeete nicht viel? Die Witwenrente fällt nicht so hoch aus, und meine eigene kann ich vergessen, ich habe hauptsächlich unsere drei Kinder großgezogen. Gibt es dafür Bausätze?»

«Sicher, die können Sie in jedem Baumarkt erwerben, aber Ihre Hochbeete sollten eigens auf Ihre Bedürfnisse zugeschnitten sein – und sich in einem finanziellen Rahmen bewegen, der für Sie noch erträglich ist.»

Frau Wiedefeld schmunzelte. «Klingt gut, legen Sie mal los.»

Als Erstes besorgte ich unbehandeltes Lärchenholz. Selbstverständlich kann man Fichte nehmen, dennoch würde ich beim Holz nicht allzu sehr sparen, denn von seiner Wahl hängt die Haltbarkeit des Hochbeets ab. Weiterhin erwarb ich Gitterdraht, Gewebefolie, Äste und Reisig, Kompost und Pflanzerde, dazu Saat für das nächste Jahr (bei einem nächsten Besuch im folgenden Frühjahr besorgte ich Frau Wiedefeld auch noch junge Gemüsepflanzen). Jedes Hochbeet sollte nach meinen Berechnungen eine Fläche mit einem Untergrund von 2 mal 1,20 Metern beanspruchen. Den untersten Rahmen verschraubte ich mit vier Eckpfeilern, anschließend drehte ich das Gestell um, sodass ich auf der Unterseite das Drahtgitter befestigen konnte. Alles mit einer bestimmten Absicht, denn Wühlmäuse sollten gar nicht erst auf den Gedanken verfallen, es sich womöglich in dem Hochbeet gemütlich zu machen. Das Gestell drehte ich wieder um. Meine nächste Aufgabe bestand darin, darauf zu achten, dass der Untergrund gerade stand, um ein ausgeglichenes Verhältnis zu haben, was das Wasser betraf. Anschließend befestigte ich ringsum die Bretter.

Das Besondere an Hochbeeten ist die konische Form. Der obere Teil, der bepflanzt wird, hat eine größere Fläche als die Standfläche. So kann man selbst mit Schuhgröße 50 noch dicht am Hochbeet stehen, und auch mit einem Rollstuhl kommt man auf diese Weise gut an das Beet heran.

Die Höhe kann je nach Körpergröße variiert werden. Eine Mindesthöhe von 80 Zentimetern sollte eingehalten werden, um genügend Raum für zukünftige Bepflanzungen zu gewährleisten. Da in einem Hochbeet ja verschiedene Pflanzen mit unterschiedlich langen Wurzeln wachsen sollen, kann man bei 80 Zentimetern nichts falsch machen. Mit der Gewebefolie wird das Hochbeet von innen ausgekleidet, sodass die Erde nicht mit dem Holz in Verbindung kommt und es dadurch verrottet. Keine Flüssigkeit, ob Wasser oder Flüssigdünger, soll durch die Ummantelung dringen, alles soll nach unten abfließen.

Jetzt muss es nur noch gefüllt werden. Für einen luftigen Untergrund und zur Vermeidung von Staunässe sollte ganz unten eine Schicht Äste und Reisig ausgelegt werden. Danach folgt eine Schicht guter Komposterde, die einen Nährstoffnach-

schub für die Pflanzen bringt. Pflanzerde kommt obendrauf, sie garantiert ein sicheres Anwachsen von Jungpflanzen. Die Bepflanzung kann sehr unterschiedlich sein. Vom einfachen Kopfsalat über Mohrrüben oder Spargel ist alles möglich. Zum Schluss wird das Holz mit Leinöl imprägniert, dadurch wird es haltbarer gemacht – und der nächsten Gemüseernte steht nichts mehr im Wege.

Hilde Wiedefeld war begeistert, machte sich aber Gedanken darüber, dass ihre Hochbeete nicht ausreichen könnten. Manchmal ist es nicht nur der vermaledeite Rücken, manchmal müssen auch im Garten Innovationen sein, um wieder die Freiheit im eigenen Grün genießen zu können. Ich versicherte ihr: «Ich komme gern wieder und baue neue Hochbeete. So viele Sie wollen.»

Nach einem langen Sommer im Garten denken auch viele: Ach, es wäre doch schön, wenn man einen Teich hätte, dann könnte man Goldfischen beim Schwimmen zusehen, die Frösche quaken hören, die in den Teichpflanzen ein Zuhause gefunden haben. Nachbars Katze wird bei diesen sehnsüchtigen Gedanken ausgeblendet, vergessen, dass sie auch mal im Teich auf Jagd gehen könnte, es müssen ja nicht immer nur Mäuse sein.

Gedacht, getan – so war es bei Timo Köhler gewesen, der mich in seiner Verzweiflung zu sich gerufen hatte. Er hatte sich nach einem langen Sommer für einen Teich entschieden, ihn ihm Frühjahr angelegt – und jetzt im Herbst einen Kollaps erlebt. Das erträumte Becken mit glasklarem Wasser war einer modrigen Brühe, einem grüngrauen Tümpel gewichen, unzählige Mikroorganismen hatten darin gewütet.

«Ich hatte es mir so einfach vorgestellt», sagte Herr Köhler, ein Jurist, ein Mann, der in der Natur auf klare Grenzen achtete, genau wie bei der Übertretung von Gesetzen, das sah ich seinem durchaus geordneten Garten an. Ich konnte davon ausgehen, dass Wildwuchs in der Nähe von Menschen ihn nervös machte. «Man gräbt ein Loch, legt eine entsprechende Folie

Ein glasklarer Gartenteich ist ein herrliches Gartenidyll

aus, darauf kommt Kies – und schon hat man einen herrlichen Teich.»

«Ja, für den Moment», sagte ich. «Aber mit dem Anlegen eines Teichs fängt die Arbeit erst an.»

«Und was heißt das?», fragte Herr Köhler.

«Es muss ständig auf die Wasserqualität geachtet werden, und bei Ihnen ist es dringend erforderlich, dass sie verbessert wird.»

Das tat ich in zwei Stufen. Zuerst stellte ich die Carbonathärte fest, die anzeigt, wie viel Kalk im Teichwasser vorhanden ist. Kalk (chemisch Calciumcarbonat oder $CaCO_3$) ist ein Stoff, der in der Natur vorkommt. Sickert weiches Regenwasser durch kalkhaltige Gesteinsschichten, entsteht kalkhaltiges, hartes Wasser. In unserem Leitungswasser ist, je nachdem, woher es stammt, mehr oder weniger viel Kalk gelöst, das heißt, es hat verschiedene Wasserhärten (Carbonathärten). Im Teich sollte eine Gesamthärte von 6 bis 10 vorliegen. Die Gesamthärte beeinflusst auch den pH-Wert des Wassers und liegt bei richtiger Härte zwischen 7,5 und 8,5.

Ein zu niedriger pH-Wert bedeutet Stress für Pflanzen und Fische, und leider haben die künstlich angelegten Teiche meist einen zu kleinen Wert. Das natürliche Gleichgewicht des Mini-Biotops gerät dadurch schnell aus den Fugen – wie bei Timo Köhler. Bei ihm im Teich hatten sich einzelne Organismen, vornehmlich die Schwebealgen, massenhaft vermehrt und für grünes Teichwasser, für die grüne Kloake gesorgt. «Algenblüte» wird das Phänomen auch genannt, klingt fast etwas hübsch für einen bedrohlichen Prozess. Am Boden hatte sich eine dicke Schlammschicht gebildet, die als Nächstes einen Sauerstoffmangel hervorrufen würde. Dann würde das Biotop umkippen, und Timo Köhlers Fische würden mit dem Bauch nach oben durch den Teich schwimmen. Außerdem würde das Wasser zu stinken anfangen.

Im zweiten Schritt war es nötig, die Algen zu bekämpfen, damit es nicht so weit kam. An sich sind Algen im Gartenteich unbedingt erforderlich, denn nur mit ihnen funktioniert das Leben im Wasser – sie produzieren den lebensnotwendigen Sauerstoff. Entscheidend ist aber, mehrere Algenarten vorzufinden, es besteht so immer ein Kampf um die Vorherrschaft im Teich. Vernichtet man eine Art, können andere Arten massenhaft expandieren.

«Heißt das, ich muss nur die Schwebealgen weitgehend unter Kontrolle haben, und schon habe ich mein Problem gelöst?», wollte Timo Köhler wissen, nachdem ich ihm die Algensituation dargelegt hatte.

«Werden die Schwebealgen nur abgetötet», sagte ich, «lassen diese ihre Nährstoffe im Wasser zurück, und die Fadenalgen freuen sich dann riesig über dieses üppige Nahrungsangebot. Mit der Folge, dass sich jetzt diese explosionsartig vermehren. Bei falscher Behandlung wird immer irgendeine Algenart die Macht an sich reißen.»

«Ich stecke mit meinem Teich also in einem Dilemma? Juristen haben für eine solche Klemme die Unschuldsvermutung – ‹im Zweifel für den Angeklagten›. Das kann ich hier ja gar nicht anwenden. Was also raten Sie? Als Fachmann für den Garten haben Sie doch sicher andere Maximen?»

Ich nickte. «Gegen die Schwebealgen können wir nur etwas unternehmen, wenn die anderen Algen nicht in der Lage sind zu wachsen, und das ist in der Nacht der Fall, wenn es kein Licht zum Wachsen gibt. Kurz gesagt: Schwebealgen nachts abtöten mit einem UV-Licht oder auch durch natürliche Zusätze, die es im Handel gibt. Gleichzeitig einen Nährstoffblocker ins Wasser geben, dieser bindet die Nährstoffe, sodass sie für die Fadenalgen nicht zur Verfügung stehen. Auch diese Blocker gibt es im Handel.»

«Puh», stöhnte Timo Köhler, «das hört sich ja fast nach einer kriminellen Ermittlung unter ungünstigen Bedingungen an.»

«Das kriegen Sie schon hin», ermunterte ich mein Gegenüber. «Und achten Sie in Zukunft darauf, dass die Fische nicht überhandnehmen.»

«Wird dann mein Wasser wieder glasklar?»

«Klares Wasser ist nur für unser Auge gut, in Teichen können Sie so gut wie nie auf den Grund gucken. Fische fühlen sich nämlich im klaren Wasser nicht wohl, sie können sich nicht gut verstecken und werden dann von ihren Fressfeinden schnell entdeckt. Ihr Gartenteich braucht dringend Pflanzen und Algen für sein biologisches Gleichgewicht. Ihr Teichrand sieht sehr karg aus; wollen Sie einen schönen Teich, sollten Sie im kommenden Frühjahr bis in den tiefen Sommer hinein auf eine abwechslungsreiche Bepflanzung achten. Ihr Teich sollte in den schönsten Farben leuchten und auch ein Biotop für Insekten sein.»

«Dabei müssen Sie mir aber helfen.»

Unser Ziel war ein naturnaher, pflegeleichter Teich mit Unterwasserpflanzen, die das Wasser reinigen. Der Kiesteich würde dann Vergangenheit sein.

KAPITEL 21

SOS-HAUSBESUCH BEIM KALIMANDSCHARO

Er ist ein echter Hingucker, der Kalimandscharo. Ein Aufstieg in eine schneeweiße Berglandschaft, Gipfelstürmer sind willkommen. Nein, ich habe mich nicht verschrieben, und in Tansania liegt das Bergmassiv auch nicht, zu dieser Trekkingtour sind ausführliche sportliche Vorbereitungen nicht notwendig, doch ohne Bergführer geht es auch hier nicht. Der Kalimandscharo ist eine stetig wachsende Halde aus Abraumsalz in Sachsen-Anhalt, den stattlichen 5895 Meter Höhe in Afrika stehen hier 120 Meter gegenüber – immerhin ist sie die höchste Erhebung zwischen Magdeburg und Ostsee. Der weiße Brocken befindet sich in Zielitz in der Nähe der Elbe, abgebaut wird hier von der K+S Kali das Kaliumchlorid, Ausgangsprodukt für Düngemittel und diverse Chemikalien.

Nicht weit von der imposanten Haldelandschaft, in Rogätz in der Colbitz-Letzlinger Heide, suchte ich vor einiger Zeit Familie Blume auf. Laura Blume hatte am Telefon ganz dramatisch geklungen: «Wir sind erst vor kurzem von Berlin nach Rogätz gezogen, raus aus der hektischen Großstadt, stattdessen ein ruhigeres Leben auf dem Land. Unser Haus ist von einem großen Gartengrundstück umgeben, mit Obstbäumen, Gemüsebeeten, Beerensträuchern, alles, was man sich so vorstellt. Ein echter Bauerngarten. Aber nun spielt sich da etwas Unheimliches ab. Wir wissen nicht, wie wir diesem Treiben Einhalt gebieten können, Bäume und Sträucher sind von Pilzen überzogen; wir haben das Gefühl, es wird jeden Tag mehr. Sie machen sich über alle Pflanzen her. Bitte, kommen Sie so schnell wie möglich.»

Nur wenig später setzte ich mich in mein Auto, es waren nur zwei Stunden Fahrt über die A 2, was mich beruhigte, denn je nach Verkehrslage hätten es auch gut zwei mehr sein können. Den Kalimandscharo sah ich schon von weitem, an klaren Tagen soll man von dort oben eine Sicht bis zum Harz haben. Vielleicht sogar bis nach Börßum? An diesem Herbsttag war es aber leicht dunstig, ich würde es nicht herausfinden können.

Die letzten Kilometer am westlichen Steilufer der Elbe ließen in mir das Gefühl aufkommen, als wäre die Welt hier zu Ende, als würde ich bald von einer Scheibe tief hinunterfallen, wohin auch immer. Menschenleer war es, flach, fast mystisch. Die Zivilisation holte mich aber wieder ein, als ich vor dem Haus von Reinhard und Laura Blume stand. Ein strahlend weißes, stabil gebautes Spitzdachhaus mit einem schönen Erker und grünen Fensterläden.

«Schön, dass Sie sich so schnell auf den Weg gemacht haben», begrüßte mich das Paar. Laura Blume konnte ich mir gut als Kinderbuchillustratorin vorstellen, sie hatte einen kurzen, frechen grauschwarzen Haarschopf und trug ein quietschfarbenes Kleid in Pink und Rot, ihr Mann hatte blond-silbernes Haar, kräftige Oberarme, bei ihm konnte ich schwer einschätzen, was er beruflich tat. Beide waren Mitte bis Ende fünfzig, sie hatten sich mit dem Haus offensichtlich einen Lebenstraum erfüllt, es sah nicht so aus, als wären sie aufs Land gezogen, weil die Mieten in der Stadt zu teuer geworden waren.

«Da ich nun hier bin, können wir uns ja den Garten anschauen», sagte ich, nachdem mich das Paar einfach weiter angestrahlt hatte.

«Natürlich», sagte Reinhard Blume und führte mich in den hinteren Gartenbereich. «Sehen Sie sich das nur an! Die Bäume und Sträucher sind mit diesen verkrusteten graugelben,

Flechten, ein Zeichen guter Luft

manchmal auch rötlichen Belägen überwuchert. Das sieht doch schrecklich aus. Die Azaleen wachsen nicht mehr richtig. Die Beerenernte lässt zu wünschen übrig. Wir haben das Gefühl, der Pilz will uns mit aller Macht unseren Besitz wegnehmen. Selbst auf dem Gartenhäuschen sieht man diese Beläge.»

Laura Blume, die uns gefolgt war, schüttelte traurig den Kopf. «Wir sind extra in die Heide gezogen, weil wir die Natur so lieben. Eigenes Gemüse aus dem Garten war immer unser großer Traum.» Meine Vermutung war also richtig. «Und nun so was. Was können wir denn machen, damit uns unsere Pflanzen nicht kaputtgehen? Gibt es überhaupt noch eine Rettung?»

«Es ist nichts Ungewöhnliches, was Sie hier sehen», erklärte ich. «Alles, was Sie in Ihrem Garten als Gefahr für Ihre Pflanzen betrachten, ist der Grund, warum Sie unter anderem auch hierhergezogen sind, nämlich die gute Luft. Sie haben einen sehr schönen Garten mit einem alten Baumbestand. Diese Beläge an Stamm und Ästen finden sich auch, wenn Sie genau schauen, dort an der Mauer oder auf Ihrem Garagendach. Das sind einfache Flechten, mehr nicht. Flechten tun im Normalfall Ihren Pflanzen nichts, denn sie leben mit Bäumen in einer Art

Lebensgemeinschaft. Früher, als sich noch sehr viel Schwefeldioxid in der Luft befand, gab es Flechten nur in höheren Lagen, in den Bergen. Flechten sind also ein Indikator für saubere Luft. Der Schwefeldioxidgehalt ist in unserer Luft zurückgegangen, sodass wir mehr und mehr Flechten in unseren Breitengraden haben.»

«Und wieso mögen Flechten keinen Schwefel?», fragte Herr Blume interessiert.

«Flechten leben immer mit ihrem Partner, den Pilzen, zusammen. Nur Schleimflechten gehen ausnahmsweise Beziehungen mit Bakterien ein. Da Pilze sehr empfindlich auf Schwefel reagieren und bei Kontakt mit diesem Element absterben, stirbt natürlich auch ihr Symbiont, die Flechte.»

«Und wieso haben Pilze Probleme mit …?»

«Schön und gut», unterbrach Laura Blume ihren Mann ungeduldig. «Wir haben ein eigenes Problem. Flechten mögen friedliche Wesen sein, doch wenn ich die massenhafte Ansiedlung in unserem Garten so betrachte, kann ich diesen Eindruck nicht gewinnen.»

«Das kann ich nachvollziehen. Die Flechten sind aber nur an der Oberfläche», erklärte ich. «Sie dringen nicht in die Gewächse ein und beschädigen sie nicht. Aber manchmal, wie man hier an diesem alten Apfelbaum sieht, überwuchern die Flechten die Knospen. Diese haben dann nicht mehr die Kraft, sich von allein zu öffnen, hier sollten wir etwas tun. Flechten mögen einen nicht so stark wüchsigen, feuchten Untergrund. Alte Bäume und schwach wüchsige Pflanzen sind da willkommen.»

Ich bat das Ehepaar, näher zu treten, dann fuhr ich fort: «Schauen Sie diese Äste, sie wachsen kaum noch wegen der Flechten, die sich an diesem Baum aggressiv ausgebreitet haben. Ihr alter Weinstock dort drüben ist jedoch nicht bewachsen, wissen Sie, warum?»

Herr und Frau Blume schüttelten im Gleichtakt den Kopf. «Wir haben nicht die geringste Ahnung.»

«Vielleicht mögen die Flechten lieber Bier statt Wein, aber nein, das ist nicht der wirkliche Grund, das war nur ein Scherz. Ich vermute eher, sie spritzen Ihren Wein gegen Mehltau und die Rebenpockenmilbe mit Netzschwefel. Schwefel mögen die Flechten ja nicht, und deshalb können sie sich an dieser Pflanze nicht ausbreiten.»

«So ist es, Sie haben richtig vermutet», erwiderte Laura Blume.

«Sie sagten eben, dass wir etwas tun sollten. Doch was?» Reinhard Blume sah mich durch seine silberumrandete Brille fragend an.

«Gut, mit ‹wir› meinte ich mich, wenn es Ihnen recht ist. Ich würde Ihren alten Baumbestand jetzt auslichten und zurückschneiden wollen, Verjüngungsschnitt nennt man das, funktioniert aber leider nur bei Pflanzen und nicht bei uns Menschen. Dadurch wird ein vermehrter Austrieb angeregt, und die Flechten sind dann keine Gefahr mehr für den Baum. Bei den Johannisbeeren schneide ich die älteren Äste mit meiner Astschere direkt am Boden aus. Noch eine Handvoll Naturdünger, und im nächsten Jahr treiben die Beeren stark aus.»

«Dafür haben wir Sie ja geholt, dass Sie uns helfen!» Die Worte von Laura Blume kamen vehement über die Lippen. «Selbstverständlich wollen wir, dass Sie diesen Verjüngungsschnitt machen.» Ihr Mann nickte bestätigend. «Aber was Sie da gesagt haben», fuhr sie nachdenklich fort, «ist schon sehr interessant. Anscheinend ist das, was die Natur macht, nicht immer so schlimm.»

Jetzt nickte ich. «Flechten sind für sich genommen keine Feinde. Nur wenn Bäume oder Sträucher nicht mehr vital genug sind, kann es zu Schäden kommen.»

Nach einigen Stunden, zwei Bechern Kaffee und mehreren belegten Broten kehrte ich zurück auf die A 2, die weiße Halde erhob sich stumm über die Landschaft. Dünger ist ja wichtig, überlegte ich, aber das Kaliumchlorid, was hier abgebaut wird, ein Naturprodukt, wird es Natur bleiben? Dann dachte ich an Reinhard Blume. Ich hatte während der Arbeit an Bäumen und Sträuchern noch herausgefunden, was er beruflich tat: Er organisierte hauptsächlich von zu Hause aus das Büro für eine französische Firma, die deutsche Kunden beriet. Seine Frau war zwar keine Kinderbuchillustratorin, aber Grafikerin. So schlecht hatte ich nicht getippt, auch sie arbeitete im Homeoffice. Ohne die Fahrzeiten ins Büro blieb ihnen viel Zeit für den Garten. Ich hoffte, dass sie noch viel Freude an ihrem Garten haben würden. Viele, die die Stadt verlassen, um aufs Land zu ziehen, kehren irgendwann zurück. Aber nicht, weil ihnen der Garten zu viel wurde, sondern wegen der Nachbarn. Und in der Stadt sehnen sie sich wieder nach ihrem Garten …

Mit fünf Kubikmetern Schnittgut auf meinem Pick-up fuhr ich mit einem guten Gefühl nach Hause. Noch ein letzter Blick auf die Colbitz-Letzlinger Heide, sie ist die größte in Mitteleuropa und das größte unbewohnte Gebiet Deutschlands. Für einen Moment war ich wieder aus der Welt gefallen.

KAPITEL 22

HERR VON RIBBECK AUF RIBBECK IM HAVELLAND – ODER DIE SACHE MIT DEN BIRNEN

Im Herbst habe ich als Pflanzenarzt hauptsächlich eine Menge damit zu tun, damit Bäume und Strauchgewächse vor Krankheiten zu schützen. Vielleicht haben Sie den Spruch schon mal gehört: «Wenn der Opa seinen Hut durch die Krone eines Apfelbaums hindurchwerfen kann, ist der Baum richtig geschnitten.» Das ist natürlich eine etwas vage Aussage, aber wie immer bei solchen Sprichwörtern ist ein Funken Wahrheit dabei. Pilzkrankheiten, die sich durch Sporen verbreiten, brauchen mindestens zwei Stunden (die genaue Dauer ist von der jeweiligen Pilzart abhängig) und einen Wassertropfen, um zu keimen. Ist der Obstbaum luftig geschnitten, wird er nach dem Regen recht schnell abtrocknen – und die Pilze haben weniger Chancen, sich zu vermehren.

Häufig werde ich nach dem richtigen Zeitpunkt gefragt, Bäume zu schneiden. Dass Bäume einzig im Winter beschnitten werden können, ist nicht unbedingt korrekt. Aber für uns Gärtner, die wir im Spätherbst und im Winter nicht viel zu tun haben, ist das eine willkommene Arbeit. Wichtig ist hierbei zu wissen, dass es einige Bäume gibt, die in ihrer Winterruhe geradezu geschnitten werden wollen, ein Beispiel dafür ist die Kirsche. Nun heißt es aber andererseits, dass es ideal wäre, die Kirsche recht bald nach der Ernte zu beschneiden. Wie passt das zusammen? Dieser Obstbaum geht ziemlich früh in die Winterruhe, schon im August ist der Saftstrom nicht mehr so stark. Und ist der Winter milde, kann der Saftstrom bereits im Januar derart stark sein, dass der Baum blutet, wenn es in diesem Monat einen Baumschnitt gibt. In der Folge kann dann auch der Obstbaumkrebs eindringen, eine Pflanzenkrankheit, die durch eine Infektion mit dem Pustelpilz (Neonectria ditissima) hervorgerufen wird. Die Rinde stirbt ab, es gibt Schädigungen des Holzgewebes. Darum lautet eine alte Weisheit: «Steinobst wird nach der Ernte geschnitten und Kernobst im Winter.» Der Apfelbaum zählt übrigens zum Kernobst, und nichts ist so geduldig wie der Apfelbaum, er lässt sogar einen Sommerschnitt zu.

Mein Handy klingelte, nichts Ungewöhnliches. Aber irgendwie energischer als sonst. Oder bildete ich mir das nur ein? Es war ruhig in den letzten Septembertagen gewesen, keine besonderen Vorfälle. Vielleicht wünschte ich mir auch nur mal wieder eine Herausforderung. Und schon war sie da, in Gestalt von Markus Borowski, so jedenfalls stellte sich der Anrufer vor. Ohne mich weiter zu Wort kommen zu lassen, brachte er sein Anliegen vor, mit großer Emphase. Herr Borowski war ein Mann, so schien es mir, der klar sehen wollte, Prinzipien hatte, Menschen und Dingen – oder Pflanzen – ihren freien Willen ließ, aber auch genau erkannte, wann er verloren hatte. Doch er verlor nicht gern.

«Herr Wadas, seit Jahren habe ich einen schönen Birnbaum in meinem Garten stehen. Aber mit meiner Geduld bin ich bald am Ende. Jahr für Jahr warte ich wie der Herr von Ribbeck auf Ribbeck im Havelland auf die ‹goldene Herbsteszeit›. Bei dem leuchteten dann die Birnen ‹weit und breit›. Und genau das möchte ich auch, ich will endlich tolle Birnen ernten, süß und saftig. Aber nicht erst, wenn ich unter dem Baum liege, weil ich ins Gras gebissen habe. Können Sie das nachvollziehen? Vor fünf Jahren habe ich ihn gepflanzt, und immer geht's ab Mitte Mai los: Auf den Birnenblättern zeigen sich mehrere gelbe Flecken, die sich orangerot verfärben. Diese Flecken können bis zu einen Zentimeter groß werden, ich hab's genau nachgemessen, und unter den Blättern entwickeln sich braune Wulste. Der Befall ist meistens so stark, dass die Birne eine Menge an Blättern verliert, und die Birnenernte fällt mehr als spärlich aus.» Markus Borowski holte kurz Luft, jedoch zu kurz, um von meiner Seite aus den Monolog unterbrechen zu können. «Wenn Sie mir nicht helfen können, hole ich mein Fichtenmoped aus dem Schuppen, und der Baum wird schon sehen, was er davon hat.»

Jetzt gab es eine längere Pause, die Chance musste ich nutzen. «Herr Borowski, lassen Sie mal Ihr Fichtenmoped da, wo es ist (in Fachkreisen spricht man hierbei auch von einer Motorsäge). Ich bin sicher, dass ich Ihnen zu einer Birnenernte wie jener des Herrn von Ribbeck auf Ribbeck verhelfen kann, sodass Sie Ihre Taschen mit Birnen füllen und diese an die Kinder verschenken können.»

«Ah, Sie kennen die Ballade von Fontane, das ist gut. Am besten gefällt mir, wie von Ribbeck sagt: ‹Ich scheide nun ab. / Legt mir eine Birne mit ins Grab.› Na ja, hoffen wir, dass es bis dahin noch dauert. Aber kommen wir zur Sache, was fehlt meinem Birnbaum?»

«Er leidet unter dem Birnengitterrost. Diese Krankheit wird von einem Pilz namens *Gymnosporangium sabinae* verursacht, der ein Wirtswechsler ist. Das heißt nicht, dass er regelmäßig die Wirtshäuser wechselt, aber er ist schon ein rechter Vagabund. Im Frühjahr, wie Sie ja schon selbst bemerkt haben, tritt er an Ihrer Birne auf. Aber jetzt im späten September, bevor die letzten übrig gebliebenen Blätter dem Herbst zum Opfer fallen, brechen die braunen Wulste unter den Blättern auf, und die Sporen machen sich auf zu ihrem Winterquartier. Entweder verbringt er die Wintermonate auf dem Sadebaum (*Juniperus sabina*) oder dem Chinesischen Wacholder (*Juniperus chinensis*), bevor er

Birnengitterrost (Gymnosporangium sabinae)

dann im April wieder auf die Birnbäume übersiedelt. Hat Ihr Nachbar vielleicht einen solchen Wacholder im Garten?»

«Ja», brummte Markus Borowski. «Und nicht nur einen, sondern zwei.»

«Da haben Sie die Erklärung. Hier lässt sich der Birnengitterrost im Herbst nieder und kuschelt sich dort für die nächsten Monate ein, bis sich der Strolch im Frühjahr wieder auf Wanderschaft begibt. In diesem Fall hat er es nicht mal weit, nur rüber über den Gartenzaun. Aber Wind und Regen können die Sporen mehrere hundert Meter weit tragen, und war es im April oder Mai sehr feucht, hat sich der Nomade zudem noch rapide vermehren können.»

«Oje», stöhnte Markus Borowski, «dann wird mein Birnbaum ja im nächsten Jahr wieder von diesen unruhigen Gesellen befallen. Ich kann doch nicht in einer Nacht-und-Nebel-Aktion die Wacholderbüsche meines Nachbarn herausreißen oder bei ihm im Garten mit meinem Fichtenmoped einfallen ...»

«Denken Sie nicht einmal daran, das wird Ihnen nur Ärger einbringen. Und es nützt sowieso nichts, bei kräftigem Wind kann der Rostpilz auch aus dem Nachbardorf herangetragen werden.»

Am Wacholder kann man den Pilz gut an den schuppenartigen Verdickungen an den Zweigen erkennen. Im Frühjahr platzen diese auf, und eine braune, gallertartige Flüssigkeit kommt zum Vorschein. Leider gibt es kaum eine Möglichkeit, den Pilz am Wacholder zu bekämpfen. Selbst wenn man das Laub sorgfältig entsorgt, wie es bei vielen anderen Pilzerkrankungen eine wirksame Maßnahme ist, so bringt das kaum etwas. Der Rostpilz besitzt zwar die Eigenschaft, dass er nicht am Laub überleben kann – wer es nicht zum Wacholder schafft, muss sterben. Was ja nicht das Schlechteste wäre, doch das Problem ist und bleibt der Wacholder.

«Aber Sie haben mir versichert, dass Sie mir helfen können!» Markus Borowski, ein Mann der Tat, gab nicht so schnell auf. «Wenn nicht auf die harte Tour, dann eben anders.» Ich konnte mir vorstellen, dass man meinem Anrufer im Leben schon mehrere Steine in den Weg gelegt hatte, die er mit seinen Strategien weggeräumt hatte.

«Das kann ich», erklärte ich. «Bei Ihrem Birnbaum betreiben wir jetzt Prophylaxe.»

«Sollte ich auch mal tun, sagt jedenfalls meine Frau immer.»

«Keine schlechte Idee. Aber was Ihren Birnbaum betrifft – er braucht eine biologische Behandlung mit einem Tee.»

«Mit einem Tee, so wie dieser grässliche Hagebuttentee aus meiner Kindheit?»

«Genau. In diesem Fall wird er aus Rettich oder Acker-Schachtelhalm zubereitet, das macht Ihren Baum widerstandsfähiger. Das ist zwar kein zuverlässiger Schutz, aber das Infektionsrisiko wird deutlich herabgesenkt. Sie können jetzt damit anfangen, aber entscheidend ist eine regelmäßige Spritzung nach dem Austrieb, am besten in einem zehntägigen Abstand. Dazu muss der ganze Baum besprüht werden. Sie werden merken, dass der Befall wesentlich geringer ausfällt. In feuchten Jahren können Sie noch einen schwefelhaltigen Blattdünger ausbringen, der wirkt unterstützend. Und beim nächsten Straßenfest überzeugen Sie Ihren Nachbarn, auf den nicht heimischen Wacholder vielleicht doch zu verzichten. Wenn jeder mitmacht, ist das die beste Möglichkeit für eine gute Birnenernte. Dann können Sie auch über den Zaun rufen: ‹Herr Nachbar! Kumm man röwer, ick hebb 'ne Birn.›»

Herbstzeit ist nicht nur Birnen-, sondern ebenfalls Apfelzeit. Ich kann mir kaum etwas Schöneres vorstellen, als durch unseren Garten zu schlendern und nebenbei einen Apfel zu pflücken, die verbotene Frucht aus dem Garten Eden. Doch man muss nicht Gartenbesitzer sein, um das eigene Paradies mit Apfelbaum zu genießen, auf einer Terrasse oder einem Balkon ist das ebenso möglich. Für jeden Standort gibt's den passenden Apfel, auch für jedermanns Geschmack, ob süß oder sauer, zum sofortigen Essen, zum Kuchenbacken, Einlagern oder für Apfelsaft. Je nach Platz haben Apfelbäume unterschiedliche Baumformen, die unter anderem durch die Stammhöhe bestimmt werden:

- Der Apfelbusch hat eine Stammhöhe von ungefähr 60 Zentimetern, er benötigt nicht viel Raum und eignet sich perfekt für den Kleingarten. Schon nach dem zweiten Jahr trägt er Früchte, und da er auf einer schwach wachsenden Unterlage veredelt wird, bleibt der Busch bei einer Lebensdauer von dreißig bis fünfzig Jahren recht klein.
- Halbstämme haben eine Stammhöhe von rund 120 Zentimetern und eignen sich für größere Gärten. Pro Baum ist eine Fläche von 50 Quadratmetern sinnvoll. Bis zur ersten Ernte vergehen etwa sieben Jahre. Hier ist also ein wenig Geduld

gefragt. Nicht gleich verzweifeln, wenn der Baum nicht sofort trägt.

- Für Hochstämme ist Langmut erforderlich. Mit einer Stammhöhe von bis zu zwei Metern eignen sie sich gut für Streuobstwiesen. Sie haben eine ausladende Krone, doch müssen, je nach Sorte, mehr als sieben Jahre ins Land ziehen, bis sie die ersten Früchte tragen. Wie die Halbstämme werden sie über hundert Jahre alt. Meine Lieblingssorte ist immer noch der Cox Orange, ein klassischer Tafelapfel aus England – für viele die Queen unter den Äpfeln. Erntereif ist er von September bis Ende Oktober, leicht süß-säuerlich ist sein Geschmack, und bei sorgfältiger Lagerung in einem kühlen dunklen Keller hält er bis März.
- Für den Balkon oder die Terrasse eignen sich Säulenbäume mit einem schmalen, aufrechten Wuchs. Ohne Schnittmaßnahmen und in großen Kübeln gepflanzt, kann bei einer solch schlanken Ballerina im zweiten Jahr geerntet werden. Leider vergreisen diese hochgezüchteten Bäume schon nach wenigen Jahren und tragen nicht mehr. Manchmal lässt auch die Pflege zu wünschen übrig. Ausreichend Wasser und etwas Dünger sind notwendige Voraussetzungen, dann klappt's.

Gekaufte Äpfel sehen gesund aus, aber der Schein trügt! Wir wissen nie, wie und womit sie behandelt wurden. Unsere Äpfel im Garten haben schwarze oder graue Flecken. Das sind Schorfpilze (*Venturia inaequalis*), die, je nach Witterung, mehr oder weniger auftreten, aber den Geschmack der Äpfel nicht beeinträchtigen. Schorfpilze gehören neben den Mehltaupilzen zu den häufigsten Krankheitserregern im Obstgarten, und am stärksten verbreitet ist der Apfelschorf. Resistente Sorten verhindern einen starken Befall. Ich habe in unserem Garten die Sorte «Rewena» gepflanzt, eine Neuzüchtung von 1994 aus dem

Institut für Obstforschung Dresden-Pillnitz, eine Kreuzung mit meiner Lieblingssorte Cox Orange. Sie ist robust gegen Feuer- und Bakterienbrand (Infektionen am Blatt) und tolerant gegen Schorf. Selbst in Spätfrostlagen trägt die Sorte gut, außerdem hat sie eine hervorragende Lagerfähigkeit.

Manchmal ist auch der Wurm drin! Die Made im Apfel kommt durch den Apfelwickler (*Laspeyresia pomonella*). Die Raupen dieses graubraunen Falters, die am Ende der Flügel einen kupferbraunen Fleck aufweisen, fressen sich hemmungslos und zielstrebig vom Fruchtfleisch ins Kerngehäuse, wo sie ek- lige Kothäufchen hinterlassen. Der Apfelwickler bildet jährlich zwei Generationen aus, die erste fliegt hauptsächlich im Mai und Juni, die zweite im August und September. Vor allem bei feuchtwarmem Wetter sind die Falter aktiv. Bis zu sechzig Eier legen sie auf den Früchten oder den Blättern der Obstbäume ab. Die Larven verpuppen sich, um zu überwintern; dies geschieht bereits Ende Juli. Die Überwinterung erfolgt im Kokon, entwe- der in der Rinde der Apfelbäume oder im Boden.

Fälschlicherweise werden Leimringe (Klebefallen), die um den Baum gewickelt werden, an den Apfelbäumen befestigt, um den Wickler aufzuhalten. Der geht dieser Maßnahme aber nicht auf den Leim: Da der Apfelwickler fliegt, funktioniert diese Falle bei ihm nicht. Nur gegen den Frostspanner (*Operophtera bru- mata*), der im Frühjahr nur zu gern die Blätter von Obstbäumen bis auf die Mittelrippen kahl frisst, ist sie effektiv. Das Weibchen des Frostspanners geht im Herbst den Baumstamm hoch, um seine Eier abzulegen. Die grünen Raupen, die sich durch typi- sches «Aufbuckeln» ihrer Körpermitte fortbewegen, sind nicht zu übersehen.

Um dem Apfelwickler zu Leibe zu rücken, sollte in der Zeit der Verpuppung Wellpappe um die Bäume gebunden werden, denn in die Hohlräume der Wellpappe ziehen sich die Wickler vorzugsweise zurück und verpuppen sich. Mit dem Entfernen der Wellpappe im Winter ist dann immerhin ein Teil der Puppen entsorgt.

Pheromonfallen, die in der Flugzeit der Wickler aufgehängt werden, locken die Männchen an. Die bleiben an den Fallen kleben und können so die Weibchen nicht mehr befruchten. Wichtig ist auch hier, ich erzählte es schon, die Fallen nicht in den Apfelbaum zu hängen, sondern zwei, drei Meter vom Baum entfernt anzubringen. Auch der Pflaumenwickler kann so gefangen werden. Und wir können uns über ungespritztes Obst ohne Proteine freuen.

An Apfelbäumen begegnen mir immer wieder besondere Tierchen, und zwar versammeln sie sich an den Schnittstellen vom Vorjahr sowie an den jungen Trieben (Blätter bleiben verschont), erkennbar an weißen, watteartigen, klebrigen Belägen. Unter dieser molligen Decke aus Wachsausscheidungen verbergen sich ganze Großfamilien bräunlicher Läuse. Zerdrückt man sie, tritt eine blutrote Körperflüssigkeit aus, die den Namen Blutlaus (*Eriosoma lanigerum*) erklärt. Heimisch ist sie bei uns nicht, eingeschleppt wurde sie Ende des 18. Jahrhunderts aus Nordamerika. Heute findet man diese Sauger an vielen Apfelbäumen, bevorzugt befallen sie jedoch typische Gartensorten wie Boskoop, Klarapfel, Gloster oder Cox Orange. Sie gieren nach Pflanzensaft, wobei ihr aggressiver Speichel dafür sorgt, dass die Rinde wuchert. Es entsteht der Obstbaumkrebs. Durch die schwammartigen Auswüchse sind Risse entstanden, die Tür und Tor für andere Krankheitserreger öffnen, zum Beispiel für den Rotpustelpilz (*Nectria cinnabarina*), ein echter Wundparasit, den man genauso wenig in seinem Garten haben will wie Blutläuse. Die Entwicklung der Rotpustelkrankheit findet zunächst im Innern des Holzes statt, im weiteren Verlauf tauchen die orange- bis lachsrosafarbenen Pusteln auf der Rinde von

Ästen und Zweigen auf. Bei starkem Befall verkümmern Triebe und Früchte, die Bäume leiden und werden frostempfindlicher, nicht selten sterben sie. Ältere Bäume sind besonders anfällig.

Damit es erst gar nicht so weit kommt, muss die Blutlaus daran glauben. Im Garten von Emily Nölle in einem Nachbarort von Börßum stand ich an einem Herbsttag an einem von ihr befallenen Apfelbaum.

«Sehen Sie, wie diese Blutläuse den Apfel ganz schön stressen?» Nicht nur der Apfelbaum war gestresst, auch Emily Nölle, eine Frau in den Vierzigern mit sehr heller Haut und offenen Haaren in einem Kastanienbraun, gekleidet in gedeckten Tönen, als hätte sie vor dem Rot der Blutlaus resigniert. «Die Tiere haben mich in der Hand! Wie soll man das aushalten? Läuse!»

Hartnäckige Blutläuse am Apfelbaum
(Eriosoma lanigerum)

Der Apfelbaum hatte viele gelbe Blätter, es schien, als ob er dringend Dünger bräuchte. Überall waren Wucherungen zu sehen, die den gesamten Baum überzogen. Baumkrebs, nicht nett von der Laus.

Blutläuse sind hartnäckige Gesellen, die sich nicht leicht vertreiben lassen. Selbst von frostigen Wintertagen bis minus 25 Grad lassen sie sich nicht erschüttern, bei diesen Temperaturen überleben sie im Wurzelbereich. In milden Wintern verkriechen sie sich in der Baumrinde. Eine Bekämpfung der Läuse ist sehr schwierig. Man kann sie abbürsten und mit Wasser abspülen, doch sonstige biologische Mittel sind kaum wirksam. Kleine Erfolge konnte ich bislang nur verbuchen, indem ich die Triebe mit Paraffinöl ansprühte. Am besten spritzt man das Paraffinöl, das aus Erdöl gewonnen wird, mit hohem Druck und warmem Wasser, um möglichst viele Nester zu treffen. Weiterhin kann man die Stämme im unteren Bereich mit Leim einstreichen, das verhindert zumindest das Hochwandern der Läuse.

Läuse, so auch Blutläuse, haben die wenig erfreuliche Tendenz, sich explosionsartig zu vermehren. Bis zu zehn Generationen können sich pro Jahr entwickeln. Jede Laus ist eine Gebärmaschine, bis zu 150 Nachkommen bringt sie in einem Jahr hervor. Im Sommer entwickeln sich geflügelte Läuse, die sich dann auf entfernte Bäume verteilen. Helfen kann hier ein anderes Insekt, ein Nützling wie die Blutlauszehrwespe (*Aphelinus mali*), ein wahrer biologischer Feind und einfallsreicher Gegenspieler der Laus. Dieses kleine Insekt legt ein Ei in die Laus, und die daraus schlüpfende Larve ernährt sich von der Blutlaus, die sich dann schwarz verfärbt. Ein Arzt könnte nur noch den Totenschein ausstellen. Tote Wirtsmumie. Nichts mehr mit weißer Wachswolle. Aus. Ende.

Der Schutz durch die Nützlingspolizei ist ein wichtiger Faktor in jedem Garten. Neben der Blutlauszehrwespe sind da

Marienkäfer zu nennen, Ohrwürmer, Larven der Schwebfliegen und Florfliegen. Sie alle gehören zu den natürlichen Feinden der Blutlaus. Im Gartencenter sind diese Nützlinge meist nicht zu erwerben, es gibt aber Firmen, die Nützlinge züchten, bei ihnen kann man sie bestellen (zu finden im Internet).

Emily Nölle wollte jede einzelne Maßnahme beherzigen, ihre Abneigung gegen Läuse war groß genug.

Der Hausbesuch bei ihr erweiterte auch meinen Horizont, meinen Laus-Horizont. Ich stieg tiefer in die Laus-Literatur ein, entdeckte dabei die Cochenilleschildlaus (*Dactylopius coccus*), die nicht an unseren Apfelbäumen sitzt, sondern in Italien an Opuntien, einem Kakteengewächs, gezüchtet wird. Nachdem ich mehr über diese Laus gelesen hatte, aß ich keine roten Gummibärchen mehr, zu denen ich sowieso nur griff, wenn alle anderen aufgefuttert waren. Als hätte ich es geahnt ... Und hätte ich roten Lippenstift benutzt, hätte ich dies fortan gelassen. Meine Frau konnte ich davon noch nicht so richtig überzeugen, wobei sie nicht wirklich oft Lippenrot aufträgt.

Zur Sache: E 120 hat nichts mit E 605 zu tun. Nur dass E 605 dafür gesorgt hätte, dass es sonst wohl kein E 120 geben würde. Zu kompliziert? E 120 ist der rote Lebensmittel- und Kosmetikfarbstoff Karmin, der schon in vorchristlicher Zeit in Peru zum Färben benutzt wurde, der aber nicht pflanzlicher Herkunft ist, da er aus ebenjenen Cochenilleschildläusen gewonnen wird. Um ein Kilogramm des Farbstoffs zu gewinnen, braucht man etwa 100 000 getrocknete Läuse, wobei einzig die Weibchen von Interesse sind. Das Ganze wird dann ausgekocht, am Ende hat man den begehrten Lebensmittelfarbstoff tierischen Ursprungs. Ich werde jetzt mal nicht näher auf das genaue Prozedere eingehen, sonst schmecken Ihnen die Gummibärchen nicht mehr. Aber Karmin findet sich nicht nur in den roten kleinen Bärchen, sondern lässt auch Marmeladen fruchtiger erscheinen oder sorgt dafür, dass bestimmte Getränke oder Wurstsorten farblich besser, also strahlender zur Geltung kommen. Schon gut, ich höre auf.

Im Herbst haben auch Sträucher ihre Probleme: Bei Herbsthimbeeren kann man manchmal beobachten, wie die Sträucher zwar austreiben, jedoch sehr unregelmäßig in die Höhe wachsen. Im Juni, ungefähr in der Mitte des Monats, werden zunächst die unteren Blätter gelb und trocknen ein, danach färben sich auch die oberen Blätter, und die aus dem Boden neu austreibenden Ruten werden bis in den Herbst dürr, weshalb der Bestand immer lichter wird und die Himbeersträucher im Folgejahr überhaupt nicht mehr austreiben. Jennifer Voss, die in der Nähe von Börßum wohnt, kämpfte damit, sie hatte in ihrem Garten die Sorten «Autumn Bliss» und «Polka» angepflanzt. Im Anhang ihrer E-Mail hatte sie einige Fotos beigefügt, «damit Sie sehen können, was ich meine».

Um gezielt helfen zu können, fuhr ich zu ihr. Im Boden ihres Gartens stellte ich, nachdem ich das Messgerät aus meiner grünen Tasche geholt und eingeschaltet hatte, einen relativ hohen pH-Wert von 7,1 fest. Der musste unbedingt gesenkt werden, was ich mit dem Einarbeiten von Torf und schwefelsaurem Ammoniak als Dünger versuchte. Weiterhin sollte Frau Voss ihre Himbeeren nicht mit Grund-, sondern mit Regenwasser gießen, um nicht noch mehr Kalk in den Boden zu bekommen.

Anfangs hatte ich bei den untypischen Blattverfärbungen an eine Eisenchlorose gedacht, an einen Eisenmangel. Dieser wird weniger durch das Fehlen von Eisen im Boden als durch sein Vorhandensein in einer für die Pflanze unaufnehmbaren Form hervorgerufen. So führte ich eine Gießdüngung mit einem Eisendünger in Chelatform (in einer komplexen Verbindung) durch, die aber, ehrlich gesagt, rein gar nichts brachte.

«Hatte ich Ihnen schon gesagt», fragte Jennifer Voss, eine Kindergartenerzieherin mit einem dick geflochtenen Zopf und einem strubbeligen Pony, «dass erst die älteren Blätter gelb werden und dann die jüngeren?»

Hatte sie nicht. Bei einem gravierenden Eisenmangel werden nämlich erst die Blätter jüngeren Datums gelb, und weil es hier genau andersherum war, diagnostizierte ich nun einen Magnesiummangel. Ich erinnerte mich daran, dass ich im Jahr 2014 in einem Nachbargarten von Frau Voss eine detaillierte Bodenuntersuchung durchgeführt hatte, mit dem Ergebnis, dass in dieser Gegend der Anteil von Magnesium im Boden sehr hoch war. Wieso dann ein Mangel? Meine Gedanken gingen weiter: Konnte es nicht sein, dass der ebenfalls von mir festgestellte hohe Kaligehalt im Boden von Jennifer Voss die Ursache dafür war, dass die Himbeeren nicht in der Lage waren, das Magnesium ausreichend aufzunehmen? Und so war es auch. Deshalb die etwas außergewöhnliche Düngermischung von Rhododendronerde und schwefelsaurem Ammoniak. Diese hatte ich schon mehrmals wirkungsvoll erprobt, und sie ließ mich auch jetzt wieder nicht im Stich.

Himbeeren können auch gelbe Blätter bekommen, ohne dass es bei der Nährstoffversorgung hapert. Die neuen Asttriebe sind schwach, und trotz verschiedener Düngemaßnahmen bleiben die Blätter gelb, ganz gleich, ob jung oder alt. Hier handelt es sich um die Himbeerwurzelfäule, auch Phytophthora-Wurzelfäule genannt, und bei dieser Krankheit, verursacht von einem Pilz, liegt das Übel an der Wurzel. Gräbt man eine befallene Pflanze aus, sehen die Wurzeln und der Wurzelhals beim Durchschneiden bräunlich bis grau aus und sind meist matschig, da das Pflanzengewebe vom Wurzelhals aus zu faulen beginnt. Die Versorgung mit Wasser und Nährstoffen kann in einem solch desaströsen Zustand nicht mehr aufrechterhalten werden, wodurch das Wachstum zwangsläufig ins Stocken gerät. Infolgedessen setzt eine oberirdische Welke ein – betroffen sind entweder nur einzelne Bereiche oder aber die gesamte Pflanze.

Die Phytophthora-Wurzelfäule ist häufig eine Folge von Bodenverdichtungen, sodass Regenwasser nur langsam abziehen kann. Gegen diese Himbeerkrankheit lässt sich leider so gut wie nichts machen; selbst nach Jahren treten ihre Symptome immer wieder auf. Am Standort verbreitet sie sich durch Sporen im Bodenwasser und gelangt durch die Arbeit mit Gartengeräten an infizierten Sträuchern an andere Pflanzen. Da hilft nur eins: Suchen Sie sich ein neues Plätzchen für Ihre Himbeeren und sorgen Sie vorab dafür, dass der Boden durchlässig ist. Das Einarbeiten von Sand ist hier eine gute Maßnahme. Und Sie sollten sich, so schwer es fällt, neue, gesunde Pflanzen kaufen. Manchmal müssen wir uns von Pflanzen trennen.

Um die Farbpalette auf Blättern noch um eine Nuance zu erweitern: Ein Pflanzenliebhaber erzählte mir einmal, er habe ein Aprikosenspalier an einer Hauswand stehen, sodass die Pflanze vor Regen geschützt sei, dennoch habe er auf einigen Blättern beigefarbene Flecken gesehen. Er schickte mir ein Foto von den Flecken und fragte, ob das eine Mangelerscheinung sei. Der «Patient» war für den Mann sein Ein und Alles, er hatte das Aprikosenspalier selbst gezogen, seine Unruhe war verständlich.

Ich konnte ihn beruhigen, da ich einen Schaden an der Aprikose selbst nicht erkennen konnte. «Aber was ist es dann?», fragte Paul Winzer nach, noch nicht ganz überzeugt.

«Ihre Aprikose hat einfach nur einen Sonnenbrand», erklärte ich. «Das erkennen Sie hier an den rötlich braunen Verfärbungen am Blatt. Die Rotfärbung schützt vor zu hoher UV-Strahlung, bei den grauen Blättern war die Herbstsonne zu stark. Aber so, wie das Wetter gerade umschlägt, werden Sie damit wohl kein Problem mehr haben.»

....

KAPITEL 23

LADIES NIGHT – GEGEN DEN NOVEMBERBLUES

Von Bayreuth war ich nach Halle unterwegs, von der A 9 über die A 14, aber nicht, um angesichts des nahenden Winters in einem Garten Bäume zu schneiden, sondern zur Ladies Night. Wie immer waren die Autobahnen dicht, ein Wagen raste hinter dem anderen. Rechtzeitig war ich losgefahren, um pünktlich anzukommen, was sicher auch ratsam war, weil mich an der Saale geballte Frauenpower erwartete. Gastgeber dieses Abends war ein Gartencenter, das mit ungewöhnlichen Events die Kunden an sich binden möchte. Dieses Mal waren einzig und allein die Frauen angesprochen, die ich bei ihren Gartenproblemen unterstützen sollte. Die nächste Frauenveranstaltung sollte in drei Wochen sein, da würde es aber um ein ganz anderes Thema gehen: «Dübeln und Bohren». Ich sage nur: «Respekt, wer's selber macht.» Beginn immer 19 Uhr, Ende drei Stunden später. Alles ohne Folien. Und da ich schon einmal dort eingeladen war, musste ich nicht rätseln, wie alles ablaufen würde, ich konnte meinen eigenen Gedanken nachhängen.

Während ich also fuhr und fuhr, dachte ich an mein zukünftiges Krankenhaus. Bald würde ich nicht nur Pflanzenarzt sein, sondern auch Klinikleiter. Steile Karriere, fand ich, noch dazu hatte ich sie mir selbst gebastelt. All meine Arbeit, all meine Hausbesuche hatten mich eines Tages auf die Idee gebracht, ein Pflanzenkrankenhaus zu gründen. Bislang ist mir eine solche Einrichtung noch nicht unter die Augen gekommen, womöglich wird es in Deutschland die erste ihrer Art sein. Und wie es sich für eine Klinik gehört, so sollte sie sich durch eine stationäre wie auch ambulante Abteilung auszeichnen. Ich hatte schon alles organisiert: Meine Klinik hat nur ein einziges Stockwerk, dafür in alle Richtungen einen Blick ins Grüne und ganz ohne Betonmauern. In Kissenbrück, einem Nachbarort von Börßum, hatte ich vor einiger Zeit in einer alten Gärtnerei von 400 Quadratmetern das passende Gebäude gefunden: ein schönes lichtes Gewächshaus, wie könnte es auch anders sein? Gefällt es meinen Mitmenschen und den Patienten, könnte ich das Gelände sogar auf 6000 Quadratmeter ausweiten. Platz genug wäre da, ich könnte eine Charité für Pflanzen aus dem Glashaus machen, ein Gedanke, der mir gefällt. Meine Frau könnte mich gut unterstützen, sie ist gelernte Arzthelferin und hat früher bei einer Kardiologin gearbeitet. Pflanzen haben zwar kein Herz, aber sie haben ein verzweigtes Netz von Lebensadern.

Es wird dort eine Quarantänestation geben, wo Pflanzen behandelt und von anderen ferngehalten werden, die schon in Genesung sind. Hier werde ich zwischen Pilz- und tierischen Erkrankungen unterscheiden. Doch im Gegensatz zu Krankenhäusern für Menschen können Pflanzenfreunde nicht zu jeder Tages- und Nachtzeit vorbeibekommen, nur freitags und samstags werde ich Sprechstunde haben, da ist es möglich, die befallenen Pflanzen mitzubringen, sie aber auch notfalls abzugeben. Haben die Schützlinge den Herbst über nicht genügend Licht bekommen, werde ich sie unter eine künstliche Beleuchtung stellen, sodass sie auch im Winter Photosynthese machen und sich erholen können. Im Frühjahr kann ihr Besitzer sie dann wieder gesund abholen.

Als ich das Industriegebiet erreicht hatte, in dem der Baumarkt stand, waren Tische und Bänke schon aufgestellt. Auf den Tischen verteilte ich einige Geschenke, Rezepturen aus meiner Pflanzenapotheke. Wenn ein Mann für Frauen Geschenke dabeihat, kann nicht mehr so viel schiefgehen – wenn auch die Mitbringsel nicht gerade einen Wohlgeruch verbreiteten. So kann auch eine Tupperparty aussehen!

Gegen 18:30 Uhr trudelte die erste Gruppe von ungefähr fünfzehn Frauen ein. Froh gelaunt strömten die Hallenserinnen in die Halle, am Eingang hatte es Sekt zur Begrüßung gegeben. Nach und nach vergrößerte sich die Lady-Gruppe, Frauen jedes Alters waren dabei, ihre größte Gemeinsamkeit war das Interesse am Garten. Als es dann Zeit für meinen Auftritt wurde, wurde es abrupt still. «Herzlich willkommen zur Ladies Night», begrüßte ich die Frauen. «Ich hoffe, Sie haben alle viele Fragen mitgebracht ...»

«Nee, nee», unterbrach mich eine stämmige Hallenserin, deutlich erkennbar am Akzent. «Wir wollen erst mal wissen, wer Sie sind und warum Sie der Meinung sind, dass Sie uns etwas über unsere Gärten und Pflanzen erzählen können.»

Na, das fängt ja gut an, dachte ich. Also noch mal zurück. Ich stellte mich vor und erzählte, was ich so mache und warum ich es mache. Inständig hoffte ich, dass ich die Frauen überzeugen konnte, für den Abend den richtigen Mann an ihrer Seite zu haben.

Es schien funktioniert zu haben, denn danach fing sofort das Fragen an: «Einige unserer Kleingartenfreunde sind derzeit besorgt über das in diesem Jahr gehäufte Auftreten von Rosenkäferlarven in Kübelpflanzen. Und jetzt sind Sie dran – können Sie mir sagen, wie man verhindern kann, dass sie überhaupt da hineingelangen, und wie man sie wieder loswird? Wir haben hierzu nichts in der Fachliteratur gefunden, auch im Internet blieben wir erfolglos.»

«In einer Zeit, wo es immer weniger Insekten gibt», sagte ich, «ist es schön, davon zu hören, dass es in einigen Gegenden ein gehäuftes Auftreten von diesem prächtig schillernden Käfer gibt. Für alle anderen stelle ich den Rosenkäfer erst mal vor. Er hat einen gedrungenen Körper, ist 14 bis 20 Millimeter groß, wunderbar glänzend, von einem metallischen Grün über Bronze und Gold, seine Flügeldecken haben flache Längsrillen. Von Mai bis August können wir ihn an blühenden Sträuchern bewundern. Als Nahrung benötigt er Pollen und Blütenblätter von Weißdorn, Rosen oder Holunder. Er fliegt übrigens nur bei Sonnenschein.

Seine Eier legt der Käfer normalerweise in modrige Baumstümpfe, im Mulm, wo sich die Larven über zwei bis drei Jahre entwickeln und insbesondere Holzbestandteile verwerten. In ihrem Enddarm spalten Bakterien, die mit den Larven in Symbiose leben, die Zellulose in Kohlehydrate auf – erst die können von der Larve verdaut werden. Finden die Käfer keine Baumstümpfe oder Komposthaufen mit Holzabfällen, nehmen sie gerne unsere Kübelpflanzen als Kinderstube. Blumenerde, die als Torfersatz Holzfasern beinhaltet, dient als willkommene Nahrung. Unsere Pflanzen werden dadurch in keiner Weise geschädigt. Der Rosenkäfer steht auf der Roten Liste und ist dadurch eine geschützte Art. Freuen wir uns also über das vermehrte Auftreten des Käfers und animieren Sie Ihre Garten-

Rosenkäfer (Cetoniinae)

freunde dazu, den Käfern den benötigten Raum in den Kübelpflanzen zu überlassen.»

«Da bin ich nun aber überrascht», bemerkte die Fragestellerin, die sich für einen Strähnchen-Look entschieden hatte, ähnlich bunt wie der Käfer. So setzte man besondere Akzente. «Ich hätte gedacht, Sie würden jetzt irgendein Mittelchen aus der Tasche ziehen und sagen: ‹Das bitte spritzen, sprühen oder streuen, und die Tierchen sind weg.›»

«Nein, so einer bin ich nicht. Wir brauchen doch diese kleinen Lebewesen für unseren Garten, nur mit ihnen kann er gedeihen. Wir können vielleicht, wenn auch ungern, ohne Wolf oder Luchs leben, aber fehlen die Insekten, geht's uns an den Kragen. Albert Einstein sagte einmal: ‹Gibt es eines Tages keine Bienen mehr, sind die Tage gezählt, an denen noch Menschen existieren werden.›»

«Aber warum stehen Sie dann in einem Baumarkt, wo es doch hier so viele Pflanzenschutzmittel gibt, sogar den vieldiskutierten Unkrautvernichter Glyphosat?»

Die Frage war berechtigt, ich hatte geahnt, dass sie kommen würde, sie war auch im vergangenen Jahr gestellt worden. Meine Antwort: «Natürlich könnte ich auf alles schimpfen, was nicht gut oder falsch gemacht wird. Ich möchte aber durch meine Arbeit etwas bewirken, und dazu muss ich mittendrin sein. Und wenn mein Hiersein nur dazu dient, dass Sie von nun an den Rosenkäfer schätzen lernen und sich an seiner Schönheit erfreuen. Dann habe ich für mich alles richtig gemacht.»

Nach dieser Frage änderte sich auch die Denkweise der anderen Frauen. Fragen über Fragen wurden in die Halle geworfen, bis hin zu jener, ob ich denn verheiratet sei.

Es hatte Spaß gemacht, alle fuhren gut gelaunt nach Hause zu ihren Partnern. Ich freute mich auf meine Frau und auf die nächste Ladies Night.

Mit der Ladies Night ging das Gartenjahr langsam in die Winterruhe. In den Gärten wurde es immer schneller dunkel, die Pflanzen hatten sich auf den neuen Rhythmus schon eingestellt. Auch ich als Pflanzenarzt würde einen Gang zurückschalten. Das dachte ich auf der Heimfahrt und freute mich auf die Zeit, um mit anderen Kollegen Erfahrungen auszutauschen und zu diskutieren. Natürlich würde ich voller Erwartung sein, was da im nächsten Frühjahr passieren würde, wenn wieder das Telefon klingelte, ich meine Tasche packte und es ab zum Hausbesuch ging. Ob auch mal eine Pflanze anruft?

DANK

Mein Dank gilt meiner Familie und den vielen Gartenfreunden, die in diesem Buch anonymisiert mit ihren Problemen und ihrem ökologischen Engagement Eingang gefunden haben.

Ganz besonders danke ich Susanne Frank vom Rowohlt Verlag, Regina Carstensen für die gedankliche Begleitung meiner Hausbesuche und meiner Lektorin Ulrike Gallwitz.

MIRAMEDIA hat großartig dazu beigetragen, dass die Menschen mehr über die Fähigkeiten und das Seelenleben von Pflanzen erfahren.

REGISTER

Pflanzen

Schädlinge & Krankheiten